JN101220

インシュアテックと保険法

新技術で加速する保険業の革新と法の課題

吉澤卓哉

京都産業大学教授

保険毎日新聞社

緒　言

　インシュアテック（InsurTech）とは、新しい情報通信技術（ICT: information and communication technology）を活用した保険業の革新、あるいは、保険業に革新をもたらす新しい情報通信技術のことである。要するに、フィンテック（FinTech）の保険版である。一部の欧米亜諸国では、保険業および関連企業（多数のスタートアップを含む）においてインシュアテックが非常な勢いで進展している。日本は非常に出遅れているが、いずれ日本でも急速に進展し、やがてインシュアテックが保険業のあり方を次々と変えていくであろう。

　そして、そのことは、現行の保険法や保険業法が前提としている保険や保険業自体が変容してしまうことを意味している。本書は、インシュアテックの進展による保険業の変容に関して、現行の保険法や保険業法がどのような問題点を抱えているかを明らかにしたうえで、当該問題にいかに対処すべきかを解釈論あるいは立法論として検討するものである。

　まず、「第1章　インシュアテックの進展」において、内外におけるインシュアテックの進展状況を概括的に示す。これを踏まえて、続く3つの章において、インシュアテックが現行の保険法や保険業法に与える具体的な影響等について検討する。

　すなわち、「第2章　『保険』概念に対する挑戦 ─P2P保険の『保険』該当性─」では、P2P保険（peer-to-peer insurance）が保険法や保険業法における「保険」概念と整合的であるか否かを検討する。「第3章損害保険における損害てん補原則の再検討 ─インデックス保険の『保険』該当性─」では、インデックス保険（index insurance）と称される定額給付型の損害保険契約が法的に認められるか、認められるとすると法的にはどこまでのものが認められるかを検討する。「第4章　保険会

社による情報の大量収集 ―『逆転した情報の非対称性』―」では、保険契約者等に関する情報が保険会社によって大量に収集されて、「逆転した情報の非対称性」（adverse informational asymmetry）とでも呼ぶことのできる状況が到来しつつあるが、そうした状況下において保険法の告知義務規整等がどのような影響を受けるかを検討する。

そして、終章である「第5章　保険制度における『信頼』の変容 ―これからの保険法学―」では、従来、保険制度が礎としてきた「信頼」が、インシュアテックの進展によってどのように変容していくかを整理したうえで、今後の保険法学の新たな方向性を提示する。

以上が本書の概要であるが、本書をもってしてもインシュアテックに関する法的論点のうちの、重要な論点ではあるものの、僅かな部分を検討できたに過ぎない。今後、インシュアテックの進展と並行した学問的研究の深化と広がりが期待されていると言えよう。

日本では始まったばかりのインシュアテックであるにもかかわらず、専門書である本書の刊行を果敢にご勇断いただいた保険毎日新聞社の森川正晴社長、そして、丁寧に編集作業をしていただいた同社出版・メディア企画部の大塚和光様にこの場を借りてお礼申し上げる。なお、本研究は科研費 JP20K01379 の助成を受けたものである。

2020 年 6 月
京都産業大学　吉　澤　卓　哉

総目次

細 目 次

第5章　保険制度における「信頼」の変容・・・・・・・・・ *157*
　　　　―これからの保険法学―

第1章 インシュアテックの進展

　インシュアテック（InsurTech）の進展[*1] によって、現行の保険法や保険業法が前提としている保険や保険業自体が変容してしまうことになると思われる[*2]。本書は、インシュアテックの進展による保険業の変容に関する現行の保険法や保険業法の問題点を分析・検討することを主眼とするものであるが、当該分析・検討を行うにあたっては、まずはインシュアテックによって保険業がどのように変容しており、また、どのように変容していくかを把握・予測する必要がある[*3]。けれども、そのこと自体が容易なことではない。なぜなら、世界の何処かで、日々、新しい情報通信技術（ICT: information and communication technology）が開発されたり利用され始めたりしており、また、インシュアテックによって保険業の様々な局面で革新が生じつつあるからである。しかも、情報通信技術を活用した保険業の革新は、現時点で取り組まれている局面に

---

*1　2017年5月～6月時点における日本の保険会社によるインシュアテックの取り組み状況については井上（2018）を参照。インシュアテック全般の状況については Roland Berger（2017）, IAIS（2017）, OECD（2017）, OECD（2018）, Chishti *et al.*（2018）, Cappiello（2018）, Lee and Deng（2018）chap. 11, Vanderlinden *et al.*（2018）, 内田（2018）, 竹下（2018）, 損保総研（2019）, 吉澤（2019）、牛窪（2019）参照。

*2　欧州でも同様の指摘がなされている。*Ref.*, Tereszkiewicz（2020）p. 130.

*3　インシュアテックの進展状況および保険業界に与える全般的な影響については、Braun and Schreiber（2017）に比較的よくまとめられている。インシュアテックが保険業界に多大な影響を与えると保険業界が感じていることについて World Economic Forum（2015）p. 13 参照。

　　また、保険監督者国際機構（IAIS：International Association of Insurance Supervisors）は、インシュアテックが保険業界および保険市場に与える影響について3つのシナリオを予測するが、そのうちの1つは、大手テクノロジー系企業が各種商品・サービスの中に保険をシームレスに組み込んで提供する結果、既存の保険会社が保険市場から退出せざるを得なくなってしまうとする予測である（Scenario analysis 3: Big technology firms squeezing out traditional insurers）。*Ref.*, IAIS（2017）pp. 26-28.

　　なお、インシュアテックの進展は、現在の保険関連職業にも大きな影響を与えることになる。*Ref.*, Frey and Osborne（2013）。また、東京海上ホールディングス（2020）参照。

限定されるものではなく、新しい局面で次々と実行されていくからである。

　このようにインシュアテックによる保険業の変容は、現状把握についても将来予測についても、なかなか困難である。ただ、ある程度の現況を示さないと議論が進まないので、不確かではあるが概括的な現況を本章で示すことにする（ただし、網羅的ではない）。現時点で取り組まれているインシュアテックは、たとえば、次のように9種類に分類されている[4]。すなわち、①比較サイト、②デジタル・ブローカー、③保険のクロスセル、④P2P保険（peer-to-peer insurance）、⑤オンデマンド保険、⑥デジタル保険者、⑦ビッグデータ分析および保険ソフトウェア、⑧IoT（Internet of Things）、⑨ブロックチェーンおよびスマート・コントラクトである。この分類は一つの分類方法に過ぎないし、排他的な分類ではないし、新しい情報通信技術（上述の⑦〜⑨）と新しい情報通信技術を用いた保険ビジネス手法（上述の①〜⑥）とが混在している（さらに言えば、上述①〜③は保険の販売手法であり、上述④⑤は（保険）商品内容である）[5]。けれども、インシュアテックの現時点における特徴をよく捉えていると思われるので[6]、以下では便宜的にこの分類に従ってインシュアテックの現況を概観する（なお、インシュアテックの概況を広く渉猟対象とすべく、「②デジタル・ブローカー」は「保険仲介業のデジタル化」に、「⑥デジタル保険者」は「保険業務のデジタル化」に置き換えた）。

---

[4]　*Ref.*, Braun and Schreiber（2017）pp. 48-60. なお、本章の記述内容は同論文の同所に負うところが大きい。

[5]　IAIS（2018b）は、新しい情報通信技術を用いた保険ビジネス手法を、Product Design と、Marketing, Sales & Distribution に分類している。
　　なお、インシュアテックに関して整然とした分類が現段階では困難であるのは、情報通信技術自体が日進月歩しており、また、情報通信技術が用いられた新しい保険ビジネス手法が絶えず生まれているからである。

[6]　なお、この分類にさらに類型を追加するとしたら、（保険）商品内容として⑩インデックス保険（パラメトリック保険。後述第3章参照）や⑪マイクロ保険を挙げることができよう。

1. 比較サイト

　インシュアテックを用いて、保険の比較サイト（comparison portals or aggregators）が運営されている。保険の比較サイトには、多様な商品・サービスを対象とする総合的な商品・サービスの比較サイトと、保険専門の比較サイトがある。そして、いずれが隆盛であるかは国・地域によって異なっており、今のところ、いずれが絶対的に優位であるかは決着が付いていない。なお、保険専門の比較サイトは、多種目の保険商品を取り扱う総合的な保険商品の比較サイトと、個別保険商品の比較サイトにさらに分類することができる。

　たとえば、ドイツでは、チェック 24 比較ポータルサイト社（Check24 Vergleichsportal GmbH. 1999 年創業）が運営するチェック 24（Check24）[7] が圧倒的な支持を得ている。これは、保険商品に限定しない総合的な商品・サービスの比較サイトである。その一方で、旅行保険専門のコボモ（Covomo）[8] およびライゼフェアジッヒャルング（reiseversicherung.com）[9] や、事業者向け保険専門のフィナンツシェフ 24（Finanzchef24）[10] も支持を得ている。

　スイスでは、保険商品に限定しない総合的な商品・サービスの比較サイトであるコンパリス（Comparis）[11] が圧倒的な支持を得ている。

　英国では、2013 年時点の情報であるが、コンペアザマーケット（Comparethemarket.com）[12]、マ ネ ー ス ー パ ー マ ー ケ ッ ト

---

[7]　*Ref.,* https://www.check24.de.

[8]　*Ref.,* https://www.covomo.de.

[9]　*Ref.,* https://www.reiseversicherung.com.

[10]　*Ref.,* https://www.finanzchef24.de.

[11]　*Ref.,* https://en.comparis.ch.（ただし、日本からはアクセスできないようである）

[12]　*Ref.,* https://www.comparethemarket.com.（ただし、日本からはうまく接続できない模様である）

（Moneysupermarket.com）[13]、コンフューズド（Confused.com）[14]、ゴーコンペア（Gocompare.com）[15]が大手4社であり、いずれも保険（金融）中心の比較サイトである[16]。

　フランスでは、2011年時点の情報であるが、アシュルランド（assurland.com）[17]という保険専門の比較サイトが支持を得ているようである[18]。

　米国では、個別保険商品専門の比較サイトが成功している。健康保険専門の比較サイトとしては、シンプリーインシュアド（SimplyInsured）[19]やヘルスシェルパ（HealthSherpa）[20]が、自動車保険専門の比較サイトとしてはゴージ（Goji）[21]が、事業者向け保険専門の比較サイトとしてはインシュレオン（Insureon）[22]が支持を得ている。なお、保険専門の比較サイトとして支持を得ているカバーハウンド（CoverHound）[23]は、当初は自動車保険専門だったようであるが、現在は総合的な保険商品の比較サイトを運営している。

　インドでは、個人向け保険商品を広く取り揃える比較サイトであるポリシーバザール（Policybazaar）[24]やカバーフォックス（Coverfox）[25]が

＊13　*Ref.,* https://www.moneysupermarket.com.
＊14　*Ref.,* https://www.confused.com.
＊15　*Ref.,* https://www.gocompare.com.
＊16　牛窪（2014）14-15頁参照。
＊17　*Ref.,* https://www.assurland.com.
＊18　亀井（2011）158-159頁参照。
＊19　*Ref.,* https://www.simplyinsured.com.
＊20　*Ref.,* https://www.healthsherpa.com.
＊21　*Ref.,* https://www.goji.com.
＊22　*Ref.,* https://www.insureon.com.
＊23　*Ref.,* https://coverhound.com. なお、カバーハウンド社は、日本のMS&ADインシュアランスグループと業務提携を行っている。2019年1月15日付けの後者のニュースリリースを参照。*Ref.,* https://www.ms-ad-hd.com/ja/news/irnews/irnews1668982857543219303/main/0/link/190115_CoverHound_hd.pdf.
＊24　*Ref.,* https://www.policybazaar.com.
＊25　*Ref.,* https://www.coverfox.com.

支持を得ている。

　日本では、今のところ総合的な保険商品の比較サイトが多いように思われるが、保険商品に限定しない、総合的な商品・サービスの比較サイトもある[*26]。

　ところで、比較サイトを利用して特定の保険会社の特定の保険商品が選ばれていくようになると、当該顧客が保険募集人と接する段階では、既に保険会社も保険商品も事実上決まっている（少なくとも、ほぼ固まっている）ことが多くなると思われる（もちろん、保険募集人による説明や意向確認を受けて、当初予定していた保険会社や保険商品が変更される可能性はある）。そのような場合には、顧客は保険募集人の説明等に十分には耳を傾けない可能性があり、また、そのような態度が顧客に窺われれば保険募集人も長時間の説明等を省略しようとするであろう。そのため、保険業法が予定する、保険募集人に課されている情報提供義務（同法294条1項）や意向把握等の義務（同法294条の2）が、十分な機能を発揮しない可能性がある[*27]。したがって、将来的には、保険募集人以外の者による比較サイトに対する規制も検討されるべきかもしれない[*28]。なお、比較サイトは、顧客の利便に資するものの、中立性の確保・維持の問題がある。また、特に複雑で保険会社によって保険商品内

[*26] 　たとえば、「保険市場」は保険専門の比較サイトであり、「ドーナツ」は生命保険専門の比較サイトである。*Ref.*, https://www.hokende.com; https://i-donuts.com.
　　その一方で、総合的な商品・サービスの有力な比較サイトである「価格.com」も保険商品の比較を行っている。*Ref.*, https://hoken.kakaku.com/insurance.

[*27] 　なお、一定の保険契約（たとえば、保険契約者と被保険者が異なる一定の保険契約における、被保険者に対する情報提供や意向確認等）に関しては義務が免除される（保険業法施行規則227条の2第7項、227条の6）など、一定の例外がある。詳細については、山下徹哉（2015）、飯田（2016）、山本哲生（2016）、木下孝治（2016）参照。

[*28] 　英国では既に2008年に、英国保険ブローカー協会（BIBA: British Insurance Brokers' Association）がその旨の指摘を行っている。牛窪（2014）17-18頁参照。
　　なお、保険募集人が比較推奨を行う場合には、保険業法施行規則227条の2第3項4号の適用を受ける。

容が異なる保険商品（たとえば、自動車保険）に関して、そもそも本当に正しい比較が可能であるのかという問題もある。

２．保険仲介者のデジタル化

（１）デジタル・ブローカー

デジタル・ブローカー（Digital Brokers）とは、ウェブサイトやモバイルアプリで保険仲介を行う者のことである。

たとえば、スイスではクニップ（Knip）[29]やヴェフォックス（Wefox）[30]が、ドイツではクラーク（Clark）[31]やゲットセーフ（GetSafe）[32]が、英国では「ウォリー＋ピース」（Worry+Peace）[33]やシンプリービジネス（Simply Business）[34]が、米国ではカバーウォレット（Coverwallet）[35]やエンブローカー（Embroker）[36]が、代表的なデジタル・ブローカーである。

また、シンガポールでは、インシュアランスマーケット（Insurance Market）というデジタル・ブローカーが活躍しているようである[37]。

日本においても、ウェブサイトやアプリの運営主体が保険代理店であって、当該ウェブサイトやアプリで保険契約手続が完結するものであれば、このデジタル・ブローカーに該当すると考えられる。たとえば、

---

[29]　*Ref.,* https://www.knip.ch.
[30]　*Ref.,* https://www.wefox.ch/en. なお、日本の SBI ホールディングスは、ヴェフォックスの情報通信技術を活用した事業を展開する SBI wefox Asia 株式会社を設立したと 2019 年 1 月に発表している。*Ref.,* https://www.sbigroup.co.jp/news/2019/0117_11409.html.
[31]　*Ref.,* https://www.clark.de.
[32]　*Ref.,* https://www.hellogetsafe.com.
[33]　*Ref.,* https://worryandpeace.com.
[34]　*Ref.,* https://www.simplybusiness.co.uk.
[35]　*Ref.,* https://www.coverwallet.com.
[36]　*Ref.,* https://www.embroker.com.
[37]　*Ref.,* https://insurancemarket.sg. また、日経（2018）20-21 頁参照。

株式会社 NTT ドコモおよび株式会社エヌ・ティ・ティ・イフは保険代理店であるが、「ドコモ保険」というウェブサイトを運営しており、スマートフォンで契約手続を完結することができる[*38]。またたとえば、LINE Financial 株式会社は保険代理店であるが、「LINE 保険」というアプリを 2018 年 10 月から運営しており、スマートフォンで契約手続を完結することができる[*39]。

けれども、このような完全なデジタル・ブローカーは、システム開発に相当の費用を要するためか、現在のところ多くは存在しないようである。ただ、いずれ日本においても、ウェブサイトやアプリで保険契約の募集（勧誘および契約手続）の全てが行われるデジタル・ブローカーが増え、また、相当程度の販売を行うことになる可能性がある。

なお、これまで日本ではデジタル・ブローカーによる販売対象としては消費者向け保険が念頭に置かれてきたと思われる。けれども、保険代理店による中小事業者向けの保険販売が、ウェブサイトを経由して実施されていくようになると思われる。ちなみに、上述の欧米のデジタル・ブローカーのうち、「シンプリービジネス」、「カバーウォレット」、「エンブローカー」は事業者向け保険を専門としており、デジタル・ブローカーの活躍の場が必ずしも消費者向け保険に限定されていないことを示している。

デジタル・ブローカーは、日本では主に保険代理店である。また、当然のことながら、情報提供義務（保険業法 294 条 1 項）や意向把握等の

[*38] Ref., https://ai.hoken-docomo.jp. さらに、NTT ドコモは、東京海上日動火災保険との業務提携に基づき、人工知能（AI）を活用して、質問への回答、顧客のプロフィール（生年月日、居住エリア、家族構成などの NTT ドコモが保有する顧客情報）、各種サービスの利用状況等の情報を基に、個々の顧客にマッチする保険・サービスの提案を 2019 年 12 月より行っている。Ref., https://www.nttdocomo.co.jp/info/news_release/2019/10/11_01.html.

[*39] Ref., https://linefinancialcorp.com/ja/pr/news/2018/16; https://linefinancialcorp.com/ja/pr/news/2018/15; https://linefinancialcorp.com/ja/pr/news/2019/44.

義務（同法 294 条の 2）といった保険募集規制が適用される[40]。その意味では、規制に漏れがあるわけではない。しかしながら、デジタル・ブローカーに対する規制の在り方として適当なものであるか否か（特に、過重なものではないか）については、改めて検討する必要があるかもしれない[41]。

（2）保険仲介業務のデジタル化

　保険仲介業務の全部または大半がデジタル化されているわけではない保険仲介者においても、個々の保険仲介業務のデジタル化は進行しつつある。

　ただ、保険仲介者自身で自前のシステムを構築することは困難なことが多い。そのため、所属保険会社が自身の委託代理店等に対して提供する代理店システムのデジタル化によって、保険仲介業務のデジタル化が進むことが多い。たとえば、東京海上日動火災保険は、セールスフォース・ドットコム社（salesforce.com, Inc.（米国）の日本法人）の金融機関向けデジタルプラットフォームを採用したうえで、代理店向けの新しいデジタルプラットフォームを開発・導入すると 2019 年 4 月に発表している[42]。またたとえば、三井住友海上火災保険は、顧客の自動車保険

---

[40]　現行の保険募集人制度とは異なって、金融機関を横断する新たな金融仲介法制の創設が金融審議会の「決済法制及び金融サービス仲介法制に関するワーキング・グループ」によって提言された（2019 年 12 月 20 日）。*Ref.*, https://www.fsa.go.jp/singi/singi_kinyu/tosin/20191220.html. これを受けて、金融商品販売法を「金融サービスの提供に関する法律」に改称するとともに、同法において金融サービス仲介法制を創設する法律（金融サービスの利用者の利便の向上及び保護を図るための金融商品の販売等に関する法律等の一部を改正する法律）が令和 2 年 6 月 5 日に成立した（令和 2 年法律 50 号）。なお、同法で創設される「金融サービス仲介業」（金融サービスの提供に関する法律 11 条 1 項）のうちの「保険媒介業務」としては、「顧客に対し高度に専門的な説明を要するものとして政令で定めるもの」を除く保険契約について、契約締結の媒介を行うことが認められる（同法 11 条 3 項）。ただし、情報提供義務（保険業法 294 条 1 項）や意向把握等の義務（同法 294 条の 2）の規定は、「金融サービス仲介業者」にも準用される（金融サービスの提供に関する法律 30 条）。

[41]　宮地ほか（2020）249-250 頁〔武藤伸行（第一生命保険）発言〕参照。

[42]　*Ref.*, https://www.tokiomarine-nichido.co.jp/company/release/pdf/190418_01.pdf.

証券を保険代理店が撮影すると、自動的に見積書作成に必要なデータを抽出するシステムを開発したと 2019 年 10 月に発表している[43]。そして、同社は、2020 年 2 月に、人工知能を活用した新しい代理店システムを導入している[44]。

その一方で（あるいは、それと並行して）、独立系のソフトウェア開発会社による代理店向けのソフトウェアの提供も始まっている。たとえば、SEIMEI 株式会社（日本）は、「SEIMEI」と称する保険代理店向けのソフトウェアを提供している[45]。

3．保険のクロスセル

保険のクロスセル（Insurance Cross Sells）とは、具体的には、保険以外の本業の商品・サービスの販売に付随して、保険商品を重ね売りすることである。保険のクロスセル自体は内外で従前より行われているが、新しい情報通信技術を活用している点にインシュアテックならではの特徴がある。

たとえば、オンライン・ショッピング事業を展開する事業者は、商品・サービスの販売時に関連する保険を併売しようとする。ドイツのインシュアテック企業であるシンプルシュランス社（simplesurance GmbH）は、このようなオンライン上での保険の重ね売りのプラットフォームを提供する企業である[46]。また、ドイツのマスアップ社（massUp GmbH）は、消費者向け販売事業者に保険併売を請け負う事業

---

*43　*Ref.*, https://www.ms-ins.com/news/fy2019/pdf/1028_3.pdf.

*44　*Ref.*, https://www.ms-ins.com/news/fy2019/pdf/1101_2.pdf.

*45　*Ref.*, http://seimei.co/service.

*46　*Ref.*, https://www.simplesurance.com/ja. なお、同社は日本では東京海上ホールディングスと業務提携した（2018 年 10 月）。*Ref.*, https://www.tokiomarinehd.com/release_topics/release/dhgn2a000000h6hl-att/181002_j.pdf.

者である[47]。

　クロスセルの具体例として、たとえば、中国の衆安在線財産保険（衆安保険。ZhongAn Online P & C Insurance Co., Ltd.）はネット販売専門の保険会社であるが、電子商取引（EC: elctronic commerce）の出店業者や利用者向けの保険商品（個人間取引（C to C）における返送料保険、企業・個人間取引における履行保証保険等）の販売で急成長を遂げた[48]。

　またたとえば、米国のユアピープル社（YourPeople, Inc）がある。同社は、ゼネフィッツ（Zenefits）という名称で、企業向けに人事管理ソフトを提供するのが本業である（なお、当該ソフトウェアの基本的な機能は無償で提供している）。それに併せて、同社の関連会社であるインシュアユアピープル社（InsurYourPeople LLC）が、ゼネフィッツ保険サービス（Zenefits Insurance Services）の名称で、保険ブローカーとして顧客企業に団体健康保険を販売している[49]。

　日本においても、既に、たとえば、三井住友海上火災保険は、「Yahoo! JAPAN」という名称のポータルサイトを運営するヤフー株式会社と提携してクロスセルを行っている。具体的には、傷害保険をベースとする補償自由選択型の団体保険（団体総合生活補償保険）を、ヤフーのウォレット登録者向けに2007年より販売している[50]。また、ヤフー社が運営するネットオークションサービス（「ヤフオク！」）で落札した家電製品やスマートフォンを保険の目的物とする、動産総合保険

---

[47]　*Ref.,* https://massup.de.

[48]　*Ref.,* https://www.zhongan.com. 損保ジャパン日本興亜総研（2015）、片山（2016）、南本（2018）参照。なお、衆安保険の子会社である衆安科技（国際）集団有限公司は、2018年9月に損害保険ジャパン日本興亜と業務提携を行っている。*Ref.,* https://www.sjnk.co.jp/~/media/SJNK/files/news/2018/20180925_1.pdf.

[49]　*Ref.,* https://www.zenefits.com. なお、ユアピープル社は、違法な保険販売を行っていたとして、2017年10月にSECの処分を受けている。*Ref.,* https://www.sec.gov/litigation/admin/2017/33-10429-s.pdf.

[50]　*Ref.,* https://insurance.yahoo.co.jp/member.

（ヤフー社が保険契約者となる明細付契約。「ヤフオク！修理保険」）を、落札者に対して 2020 年 1 月より販売している[51]。

またたとえば、AWP チケットガード少額短期保険は、「チケットぴあ」という名称でプレイガイド業を営む「ぴあ株式会社」や、「ピーチ」という名称で航空運送業を営む Peach Aviation 株式会社と提携して、ウェブサイトにおいてイベント・チケットや航空券のキャンセル保険を重ね売りしている[52]。

なお、上述のゼネフィッツのビジネスモデルを範にしたものと推測されるが、東京海上日動火災保険は、勤怠連動型給与自動計算システムである「Doreming」を提供するドレミング株式会社（日本）と業務提携を 2019 年 8 月に行っている[53]。

4．P2P 保険

P2P 保険（peer to peer insurance）という、新しい情報通信技術を活用した保険商品あるいは保険類似商品が海外で急成長しつつある。保険契約者間の相互扶助を積極的に取り入れている点に最大の特徴がある。相互扶助の仕組み自体は旧来のものであるが、新しい情報通信技術を活用して制度設計されていることが従来の相互扶助との最大の相違点である（ただし、新しい情報通信技術を用いているがために、一般の人々には P2P 保険が恰も新機軸の事業であるかの如く映ることがあるのかもしれない）。P2P 保険の詳細や法的論点等は後述第 2 章に譲る。

---

[51] *Ref.*, https://www.ms-ins.com/news/fy2019//pdf/0117_1.pdf.
[52] *Ref.*, https://www.ticketguard.jp.
[53] *Ref.*, https://www.tokiomarine-nichido.co.jp/company/release/pdf/190813_01.pdf.

5．オンデマンド保険

　オンデマンド保険（On-Demand Insurance）とは、本来は、個々の顧客のニーズに合わせて用意される保険商品あるいは保険契約のことである。ただ、実際に現在提供されているオンデマンド保険は、保険期間自由選択型保険である。損害保険商品の保険期間は一般に１年間であるが（少なくとも、日本ではそうである）、保険期間自由選択型保険では、任意の保険期間を、１日単位、あるいは、１時間単位や１分単位で保険契約者が自由に設定することができる。

　日本においても、従前より、海外旅行傷害保険、国内航空傷害保険、レクレーション保険といった保険期間自由選択型保険が存在した。インシュアテックとしてのオンデマンド保険は、新しい情報通信技術を用いているため、より柔軟性や透明性があり、短期間の保険期間設定も可能であり、また、ウェブサイトやスマートフォン・アプリで保険加入や保険給付請求が可能であり、しかもコストが低いという特徴がある。

　たとえば海外では次のようなオンデマンド保険が著名である。すなわち、トロブ社（Trov Insurance Solutions, LLC. 米国）は、数万点に及ぶ動産（自動車を含む）について動産保険を提供するプラットフォーマー（プラットフォーム提供者）[54] であり、保険代理店でもある[55]。

　シュア社（Sure Inc. 米国）は、収集品保険、スマートフォン保険、

---

[54]　プラットフォーマーとは、ビジネスを行うための基盤（プラットフォーム）として利用する機器、サービス、システム、ソフトウェア等を作成・提供・運営する事業者のことである。プラットフォーマーのビジネスモデルについては、Moazed and Johnson（2016）を参照。

[55]　*Ref.,* https://www.trov.com/us/legal/licensing-information/1.
　　なお、トロブ社は元々、英国およびオーストラリアで事業を行っていたが、2019 年 9 月に両市場から撤退した。*Ref.* https://uk.trov.help/hc/en-gb/articles/360001770997-Why-is-Trov-Protection-no-longer-available-; https://au.trov.help/hc/en-au/articles/360002134818-Why-are-you-removing-Trov-Protection-. last visited on Oct 10, 2019.（なお、両ウェブサイトとも、現在は閲覧できないようである）

ペット保険、旅行保険など、多様なリスク（特異なリスクを含む）について、スマートフォン・アプリを通じて、保険仲介者としてオンデマンド保険を提供している[56]。

スライス社（Slice Insurance Technologies Inc.）は、米国や英国で、シェア・ビジネス（ホームシェアやライドシェア）に関するオンデマンド保険を提供している[57]。

日本では、既に 2012 年 1 月に東京海上日動火災保険が「1 日自動車保険」[58]と称する、1 日単位で付保できる自動車保険を発売している。近時では、たとえば次のようなオンデマンド保険が登場している。

株式会社 Warrantee（日本）は、保証書管理アプリを提供する企業であるが、2017 年 11 月より、「Warrantee Now」と称するアプリを介して、1 日単位の動産保険に加入することができるようになった（なお、保険引受は、東京海上日動火災保険、三井住友海上火災保険、あいおいニッセイ同和損保が行っている）[59]。

三井住友海上火災保険は、2018 年 2 月に「24 時間単位型総合生活補償保険」（「1DAY レジャー保険」）を発売した[60]。また、同社は、SEKAI HOTEL 株式会社（日本）と提携して、宿泊者の宿泊期間のみを保険期間とする「民泊・旅館事業者向け個人賠償責任保険」を発売すると 2018 年 5 月に発表している[61]。

株式会社 justInCase（日本。2018 年に少額短期保険業登録）は、1 日単位の動産保険を提供している[62]。

---

[56] *Ref.*, https://www.sureapp.com.
[57] *Ref.*, https://slice.is/en-us; https://slice.is/en-gb.
[58] *Ref.*, https://www.tokiomarine-nichido.co.jp/company/release/pdf/140821_01.pdf.
[59] *Ref.*, https://corp.warrantee.jp/2017/11/ニュース 8　タイトル; https://corp.warrantee.jp/2017/11/ニュース 9　タイトル.
[60] *Ref.*, https://www.ms-ins.com/news/fy2017/pdf/0214_1.pdf.
[61] *Ref.*, https://www.ms-ins.com/news/fy2018/pdf/0528_2.pdf.
[62] *Ref.*, https://justincase.jp.

　損害保険ジャパン日本興亜（なお、同社は 2020 年 4 月に損害保険ジャパンに社名変更した。以下同じ）は、半日（12 時間）単位で加入できる自動車保険を 2019 年 1 月以降始期契約から引き受けている[*63]。また、上述のトロブ社は、2017 年 6 月に、日本に「トロブ・インターナショナル・ジャパン合同会社」を設立するとともに損害保険ジャパン日本興亜より出資を受け入れ、共同して商品開発を進めている。そして、2019 年 4 月、株式会社ビックカメラとも共同して開発した「ビック 1 日から保険」という動産総合保険のオンデマンド保険を日本で発売している[*64]。

　今後は、保険期間自由選択方式の保険商品が充実していくだけではなく（保険期間を時間単位で設定できる保険商品が増えていくであろう）、個々の保険契約者による（新しい）補償内容・保障内容の提案に応じて個別に保険商品を作り出すようなプラットフォームが提供されるようになるであろうし、それこそがまさに真のオンデマンド保険である[*65]。保険会社は、これまで、保険の団体性や大数法則の維持の名の下に、保険会社が用意した保険商品（特約を含む）を顧客に押しつけてきたと言えないでもない。けれども、同質のリスクを集積できれば保険制度は成立するはずであり、オンデマンド保険であっても同じである（もちろん、顧客の意向に沿ってオンデマンド保険を提供するには、保険会社としては、デジタル技術を用いることによって、安価に保険商品設計、料率算定、保険

[*63] *Ref.*, https://www.sjnk.co.jp/~/media/SJNK/files/news/2018/20180821_1.pdf.

[*64] *Ref.*, https://www.sjnk.co.jp/~/media/SJNK/files/news/2018/20190329_2.pdf.

[*65] ボートバイメニー社（Bought By Many Ltd. 英国。https://boughtbymany.com）は、保険ブローカーであるが、同様の補償や保障を求める顧客を集めて保険会社と交渉し、顧客のニーズに合致した補償や保障を保険会社に作らせている（損保総研（2015）121 頁参照）。これまで保険ブローカーが、顧客企業のために保険会社と交渉して顧客ニーズに合致した補償や保障を作らせていたが、こうした販売手法を個人の集団にも応用しようとしているものだと思われる。したがって、ボートバイメニーの仕組みは、真のオンデマンド保険への過渡的な形態であるとも言えよう。
　なお、P2P 保険プラットフォームを自称する Frich 社（日本）は、「海外の類似事例」としてボートバイメニーのパグ保険を挙げているが、ボートバイメニーが P2P 保険であるとは述べていない。*Ref.*, https://prtimes.jp/main/html/rd/p/000000003.000043907.html. 一方、牛窪（2018）11-13 頁はボートバイメニーも P2P 保険に分類している。

募集、契約管理、保険金支払等ができる必要がある）。そして、真のオンデマンド保険では、顧客の意向に沿って保険約款の内容が定まっていくことになる。そのため、真のオンデマンド保険においては、その保険約款のうち、少なくとも補償（保障）内容や免責条項を規定する部分は、もはや「定型約款」（民法548条の2第1項柱書）には該当しない事態も起こり得るかもしれない。

6．保険業務のデジタル化

（1）デジタル保険者

　デジタル保険者（Digital Insurers）とは、保険業における主要業務、すなわち保険募集、保険引受、契約管理、損害サービス（保険金支払）等の全部または大半を、新しい情報通信技術でデジタル化した保険会社のことである。

　海外では、たとえば、オスカー（Oscar. 米国）[66] やクローバー（Clover. 米国）[67] やオトノーバ（Ottonova. ドイツ）[68] は、デジタル保険者として健康保険を提供している。また、P2P保険を保険者として提供しているレモネード（Lemonade. 米国。後述第2章1（1）②(a)参照）もデジタル保険者である。

　また、インシェアード（InShared. オランダ）[69] や衆安在線財産保険（衆安保険。ZhongAn Online P & C Insurance Co., Ltd. 前述3参照）は、デジタル保険者として財産保険、賠償責任保険、費用保険等を提供してい

---

*66　*Ref.* https://www.hioscar.com. なお、オスカーは、HMO（Health Maintenance Organization）である。

*67　*Ref.,* https://www.cloverhealth.com/en. なお、クローバーは、HMO 兼 PPO（*Preferred Provider Organization*）である。

*68　*Ref.,* https://www.ottonova.de.

*69　*Ref.,* https://www.inshared.nl.

る。

　日本にも、通販型保険会社が従前から存在するが、新しい情報通信技術をどの程度に活用しているのか判然としないので、デジタル保険者に該当するか否か判断できない。けれども、たとえばjustInCase社はデジタル保険者に該当するのではないかと思われる。また、第一生命は「デジタル完結型専用保険商品」を提供する少額短期保険に参入することを目的として、準備会社を設立することを2020年1月に発表している[*70]。

　なお、デジタル保険のプラットフォームを提供する事業者も存在する。たとえば、エレメント社（ELEMENT Insurance AG. ドイツ）[*71] がそうである。

（2）各種保険業務のデジタル化

　デジタル保険者のように保険業の主要業務の全部または大半がデジタル化されているわけではない保険者においても、個々の保険業務のデジタル化は着々と進行しつつある。ここで、保険業務は対顧客業務と社内業務とに大別することができるので、両者に分けて保険業務のデジタル化の状況を概観する。

①　対顧客業務のデジタル化

(a)　保険募集および契約管理

　保険募集や保険引受や契約管理のデジタル化がなされると、顧客は、ウェブサイトやスマートフォンアプリで、保険に加入したり、自身の契約状況を照会したり、契約内容を変更したりすることができるようにな

[*70]　*Ref.,* https://www.dai-ichi-life.co.jp/company/news/pdf/2019_068.pdf.

[*71]　*Ref.,* https://www.element.in/de. なお、エレメント社は、日本では三井住友海上火災保険と業務提携を行ったと2019年1月に発表されている。*Ref.,* https://www.ms-ins.com/news/fy2018/pdf/0115_1.pdf.

る。

　ここで、直販保険会社か、保険仲介者を介する保険会社かで、保険会社におけるデジタル化の内容が異なる。すなわち、直販保険会社では、保険会社自身が完結的なシステムを構築すればよい。一方、保険仲介者を介する保険会社では、保険仲介者用のシステムが別に必要となる。そのため、少なくとも保険募集に関しては、一般的には、直販保険会社の方がデジタル化についてコスト面での相対的な優位性があると考えられる。

　ただし、オープン API は、こうしたシステム開発に関する負担を軽減する方策の一つとなり得るかもしれない。API（Application Programming Interface）とは、あるアプリケーションの機能やデータ等を別のアプリケーションから呼び出して利用するための接続仕様、あるいは、その仕組みを指す。保険会社が自社の API を、アプリケーションを開発・運用するソフト会社に任意に開示することは現在でも可能である。

　たとえば、日本の保険会社による特定の相手方に対する API の任意開示には、次のような公表例がある。すなわち、チューリッヒ生命保険日本支店は、アドバンスクリエイトという保険代理店に API を開示してデータ連携を行っていると 2019 年 7 月に発表している[72]。東京海上日動火災保険は、ストライプジャパン株式会社[73]と連携のうえ、同社が決済サービスを提供する電子商取引事業者向けに設計した Web API を活用した保険商品を提供する、と 2017 年 10 月に発表している[74]。また、東京海上日動火災保険は、株式会社 shippio をフォワーダーとす

---

[72]　*Ref.*, https://www.zurichlife.co.jp/aboutus/pressrelease/2019/20190725_02; https://www.advancecreate.co.jp/sites/advancecreate.co.jp/files/ir/20190725Pressrelease.pdf.

[73]　*Ref.*, https://stripe.com/jp.

[74]　*Ref.*, https://www.tokiomarine-nichido.co.jp/company/release/pdf/171019_01.pdf.

る外航貨物海上保険契約に関して、顧客のシステムとの連携が可能となるWebAPIを2019年7月に発表している[75]。東京海上日動火災保険および東京海上日動あんしん生命保険は、マネーフォワードという家計管理や資産管理のツールの提供者である株式会社マネーフォワード（日本）にAPIを開示して、データ連携を開始すると2019年10月に発表している[76]。

またたとえば、ジェーシービー、東京海上日動火災保険、日本生命保険、野村證券、三菱ＵＦＪ銀行、トッパン・フォームズの6社は、金融機関横断の共通手続（住所変更等）プラットフォームの構築に向けて検討を開始すると2019年4月に発表している[77]。

また、特定の相手方にではなく、広く自社のAPIを公開すること（これが、オープンAPIである）も、海外では始まっている。たとえば、シンガポールのAXA社や[78]、米国のP2P保険会社であるレモネードはAPIを公開している[79]。

けれども、任意の制度である限り、少なくとも当面の日本では、保険会社はオープンAPIに踏み切らないであろう。これは銀行業界でも同様であり、そのため、2017年5月に銀行法が改正され（2018年6月施行）、一定の条件の下にAPIを開放することが義務付けられた（銀行法52条の61の10、52条の61の11。ただし、参照系サービス（家計簿アプリ、会計サービス等）は2020年5月末まで猶予）。やがて、保険業法が改正されて、保険会社においてもオープンAPIが義務付けられるかもしれない。

---

*75　*Ref.,* https://www.tokiomarine-nichido.co.jp/company/release/pdf/190724_01.pdf.

*76　*Ref.,* https://www.tokiomarine-nichido.co.jp/company/release/pdf/191010_01.pdf.

*77　*Ref.,* https://www.tokiomarine-nichido.co.jp/company/release/pdf/190423_02.pdf.

*78　2017年11月13日付けのAXA社（シンガポール）のニュースリリース参照。*Ref.,* https://www.axa.com.sg/latest-news/axa-turns-insurance-as-a-service-a-reality-by-launching-regions-first-partner-transactional-api.

*79　*Ref.,* https://www.lemonade.com/api.

(b) 損害サービス

　対顧客業務のデジタル化は、これまでは保険募集におけるデジタル化が中心だった。けれども、損害サービス[80] 業務のデジタル化も始まろうとしている。損害サービスに関しては保険仲介者を介さないことが通常であるので、保険仲介者のシステムとの接続が必要でないことが多い。そのため、損害サービスに関する対顧客業務のデジタル化は今後、急速に進行する可能性がある。

　海外では、保険金支払の自動執行システムが稼働している（後述9（2）参照）。また、チューリッヒ保険会社（英国）は、スピクシー社（Spixii. 英国）と共同開発したチャットボットを、24 時間体制の保険事故受付業務に利用している[81]。

　日本では、特に、自然災害の集積損害における保険事故対応にデジタル化が注力されている。自然災害では、損害保険会社の迅速・適正な保険給付審査能力を超える事態が生じ、損害状況の確認や保険金支払が遅くなることもあるからである（なお、保険給付審査に関する社内業務のデジタル化については次述（2）参照）。たとえば、東京海上日動火災保険は、サイトコール社（SightCall, Inc. 米国）と業務提携のうえ、被害現場にいる保険契約者や保険代理店とリアルタイムに双方向のコミュニケーションを実現できるシステムを導入すると 2019 年 7 月に発表している[82]。

　また、集積損害以外の保険事故に関しても、損害サービスのデジタル化は進行しつつある。たとえば、損害保険ジャパン日本興亜は、コミュ

---

*80　保険会社による保険給付関連業務は、保険金支払、損害査定、損害サービス等々と、呼称が定まっていない。本書でも、厳密な使い分けはしないが、対顧客業務であることを強調する場合には「損害サービス」と、保険給付要件や保険給付内容の調査・検討といった社内業務であることを強調する場合には「保険給付審査」という単語を用いている。

*81　*Ref.*, https://www.spixii.com; https://www.spixii.com/success-stories/zurich-case-study.

*82　*Ref.*, https://www.tokiomarine-nichido.co.jp/company/release/pdf/190701_01.pdf.

ニケーション・アプリである「LINE」を活用した損害サービスを展開している[*83]。

②　社内業務のデジタル化

　純粋社内業務である損害サービスやバックオフィス業務のデジタル化は、保険仲介者との接続を考慮する必要がない、あるいは、その必要性に乏しいことが多い。また、そもそも顧客のモバイルやコンピューターとの接続を必要としないことが多い。そのため、日本においても、保険募集に保険仲介者を起用するか否かにかかわらず、保険給付審査（特に、損害保険業界における保険給付審査）やバックオフィス業務の各局面におけるデジタル化が急速に進行しつつある。

　保険給付審査のデジタル化に関しては、海外では、既に、特定保険種目の保険給付審査に利用できる、高度にデジタル化されたシステムが販売されている。たとえば、スピアヘッド社（Spearhead AG. スイス）、Tシステム社（T-Systems International GmbH. ドイツ）およびチューリッヒ保険会社と共同開発したシステムは、被保険自動車に所定の車載機器を設置しておくと、保険事故発生時には、保険事故通知、修理費見積額の算出、修理着工指示等が自動的になされるものであり、同保険会社が2018年から試用しているようである[*84]。モーションズクラウド社（MotionsCloud. ドイツ）も、人工知能（AI: artificial intelligence）を活用した保険給付審査のシステムを提供している[*85]。

　日本では、やはり、特に自然災害の集積損害における保険給付審査に

[*83]　*Ref.*, https://www.sjnk.co.jp/~/media/SJNK/files/news/2018/20181015_2.pdf; https://www.sjnk.co.jp/~/media/SJNK/files/news/2018/20190329_1.pdf. また、「LINE」を活用した損害サービスの一環であるが、顧客が撮影した写真を基に、自動車の修理費概算額を自動的に算出して表示するサービスを2019年11月から展開している。*Ref.*, https://www.sjnk.co.jp/~/media/SJNK/files/news/2019/20191108_2.pdf.

[*84]　*Ref.*, https://www.spearhead-ag.ch; https://www.rfidjournal.com/articles/pdf?17230.

[*85]　*Ref.*, https://motionscloud.com/index.html.

デジタル化が注力されている。たとえば、自然災害等による集積損害へのドローンの活用が期待されている[86]。三井住友海上火災保険は、ドローンを活用した損害調査を 2017 年 11 月から本格的に開始すると発表している[87]。また、同社は、水災時には、ドローンと人工知能を活用した損害調査を実施すると 2019 年 12 月に発表している[88]。

　もちろん、集積損害以外の保険給付審査でも、デジタル化や人工知能の活用は進行しつつある。たとえば、東京海上日動火災保険は、エアロボティクス社（Airobotics Ltd. イスラエル）と連携し、ドローンで撮影した画像を人工知能で解析することで、損害調査から修理費の算出までを行う取組みを開始すると 2019 年 6 月に発表している[89]。損害保険ジャパン日本興亜は、ドローンでビルの壁面調査を行う実証実験を実施すると 2018 年 10 月に発表しており[90]、また、水中事故の調査にドローンを導入すると 2018 年 11 月に発表している[91]。あいおいニッセイ同和損保は、自動車保険における自動車の修理に関して、スマートフォンを活用した損害調査システムを全国の修理工場に展開すると 2018 年 6 月に発表しており[92]、また、テレマティクスを活用した新たな自動車保険損害調査システムを 2019 年 4 月から導入したとのことである[93]。三井住友海上火災保険でも、ネクサー社（Nexar Ltd. イスラエル）[94] と

＊86　矢吹（2016）5（2）、6（2）参照。

＊87　*Ref.*, https://www.ms-ins.com/news/fy2017/pdf/1101_2.pdf.

＊88　*Ref.*, https://www.ms-ins.com/news/fy2019/pdf/1230_1.pdf.

＊89　*Ref.*, https://www.tokiomarine-nichido.co.jp/company/release/pdf/190611_01.pdf.

＊90　*Ref.*, https://www.sjnk.co.jp/~/media/SJNK/files/news/2018/20181015_1.pdf.

＊91　*Ref.*, https://www.sjnk.co.jp/~/media/SJNK/files/news/2018/20181120_1.pdf.

＊92　*Ref.*, https://www.aioinissaydowa.co.jp/corporate/about/news/pdf/2018/news_2018060800499.pdf.

＊93　*Ref.*, https://www.aioinissaydowa.co.jp/corporate/about/news/pdf/2019/news_2019042600576.pdf. そして、さらに新しい損害調査システムを開発したと 2019 年 8 月に発表している。*Ref.*, https://www.aioinissaydowa.co.jp/corporate/about/news/pdf/2019/news_2019080800607.pdf.

＊94　*Ref.*, https://www.getnexar.com.

提携のうえ、人工知能を活用した自動車保険の損害調査システムを2019 年 5 月から試行している[95]。

　保険給付審査以外のバックオフィス業務のデジタル化に関しては[96]、たとえば、社内における照会応答、電子マニュアル、ナレッジ検索[97]、電話対応スクリプトの自動表示[98]、保険引受審査[99] といった業務での人工知能の活用が考えられる。

7．ビッグデータ分析および保険ソフトウェア

（1）ビッグデータ分析

　従来、保険会社には保険契約や保険事故に関する膨大な情報が蓄積されてきたが、十分には活用されていなかった。しかしながら、情報通信技術の発展により、さらなる詳細な情報の蓄積のみならず、人工知能による高度で有用な分析も可能となってきた。

　なお、情報は自社で蓄積する保険契約情報や保険事故情報のみならず、外部から取得することも可能である。たとえば、自動車保険の被保険自

---

[95]　*Ref.*, https://www.ms-ins.com/news/fy2019/pdf/0510_1.pdf.

[96]　なお、バックオフィス業務のデジタル化は、ニュース性に乏しいので対外発表されることが少なく、外部から窺い知ることがなかなか難しい。保険会社のバックオフィス業務のデジタル化について栗原（2020）236-237 頁参照。

[97]　たとえば、損害保険ジャパン日本興亜は、人工知能を活用したナレッジ検索システムを 2018年 4 月に社内で導入し、2019 年 11 月には委託代理店にも提供を開始している。*Ref.*, https://www.sjnk.co.jp/~/media/SJNK/files/news/2019/20191113_1.pdf.

[98]　たとえば、第一生命保険は、コンタクトセンターにおいて、顧客との通話内容に応じて回答候補となる FAQ をオペレーターにリアルタイムに提示する AI システムを導入すると 2019 年 6 月に発表している。*Ref.*, https://www.dai-ichi-life.co.jp/company/news/pdf/2019_012.pdf. また、三井住友海上火災保険は、コールセンターにおける自動車保険の手続対応に関して、人工知能を活用した電話対応スクリプトの自動表示システムを 2019 年 12 月に導入している。*Ref.*, https://www.ms-ins.com/news/fy2019/pdf/1213_1.pdf.

[99]　たとえば、損害保険ジャパン日本興亜は、2018 年 6 月から取引信用保険の引受審査に人工知能を導入したとのことである。*Ref.*, https://www.sjnk.co.jp/~/media/SJNK/files/news/2018/20180530_1.pdf.

動車がコネクテッドカーであれば、当該自動車から運行情報・運転情報を絶えず保険会社に送信することも可能であるし、人保険の被保険者が装着しているウェアラブル端末から人体情報を絶えず保険会社に送信することも可能である。またたとえば、個々人や官公庁・裁判所・企業・団体が公開している情報を収集することも可能であるし、情報銀行[*100]が事業を開始すれば正当に情報を購入することも可能となる。

こうして収集したビッグデータについて人工知能等を用いて適切な分析を行うことによって、そして、適切なソフトウェアを使用することによって、より正確な保険料算出や、相対的に高い確率で販売が見込める顧客の抽出や、支払保険金の抑制や保険詐欺の防止、等々が可能になる[*101]。

ビッグデータ分析を積極的に活用している保険会社としては、たとえば、ステートファーム（State Farm. 米国）、アリアンツ（Allianz Travel Insurance. 米国）といった大手保険会社のほか、"Vitality" と称する健康増進プログラムを提供するディスカバリー社（Discovery Ltd. 南アフリカ。後述8参照）、P2P保険者であるレモネード社（Lemonade, Inc. 米国。後述第2章1（1）②(a)参照）、従量制自動車保険（"pay per mile"）で著名なメトロマイル社（MetroMile, Inc. 米国）[*102] といったものがある。また、

---

*100　情報銀行（情報利用信用銀行）とは、たとえば、「個人とのデータ活用に関する契約等に基づき、PDS（Personal Data Store）等のシステムを活用して個人のデータを管理するとともに、個人の指示又は予め指定した条件に基づき個人に代わり妥当性を判断の上、データを第三者（他の事業者）に提供する事業」と定義されている（内閣官房 IT 総合戦略室（2017）7 頁）。

個人情報の保護に関する法律（個人情報保護法）の平成 27 年改正（平成 29 年 5 月施行）によって、情報銀行の制度が法的に実現可能となった。法的に認定を受ける必要性はないが、一般社団法人日本 IT 団体連盟が 2018 年 12 月から「情報銀行」の認定を開始している（2019 年 6 月には第 1 弾の認定を、2019 年 12 月には第 2 弾の認定を発表している）。*Ref.*, https://itrenmei.jp/topics/2019/3646; https://www.itrenmei.jp/topics/2019/3652.

*101　保険業におけるビッグデータ分析については、たとえば Corlosquet-Habart and Janssen (2018) を参照。

*102　*Ref.*, https://www.metromile.com. なお、東京海上ホールディングスは、メトロマイル社に出資のうえ提携することを 2018 年 7 月に発表している。*Ref.*, https://www.tokiomarinehd.com/release_topics/release/dhgn2a000000gjzl-att/180724_j.pdf.

ビッグデータ分析サービスを提供する事業者としては、たとえば、ベリカイ社（Verikai Inc. 米国）がある[103]。

　日本では、保険会社においては、特に自然災害に関するビッグデータの分析および人工知能技術の活用が進んでいる。

　たとえば、三井住友海上火災保険とあいおいニッセイ同和損保は洪水被害を予測する新しいリスク評価システムを開発したと2017年5月に発表した[104]。あいおいニッセイ同和損保と横浜国立大学とエーオンベンフィールドジャパン株式会社は、気象・災害に関する産学共同研究の成果として、自然災害による被災建物数を市区町村ごとにリアルタイムで公開するウェブサイトを2019年6月に開設している[105]。東京海上日動火災保険は、オービタル・インサイト社（Orbital Insight, Inc. 米国）およびアビームコンサルティング株式会社（日本）と連携して人工衛星画像を人工知能で解析することにより、大規模水災発生時に被害対象エリアを早期把握して迅速な保険金支払に繋げる実証実験を実施してきたが、2018年11月に、水災発生時に水災範囲や浸水高等を数日程度で把握できる体制が整ったと発表している[106]。損害保険ジャパン日本興亜は、ワン・コンサーン社（One Concern, Inc. 米国）および株式会社ウェザーニューズ（日本）と業務提携のうえ熊本市において防災・減災システム開発に向けた実証を開始し、人工知能技術を用いた防災・減災システムの開発を目指すと2019年3月に発表している[107]。

　自然災害以外においても、たとえば、三井住友海上火災保険は、顧客企業が抱えるリスクの可視化・最適化によって課題解決を提案するサー

---

[103]　*Ref.*, https://www.verikai.com.

[104]　*Ref.*, https://www.ms-ins.com/news/fy2017/pdf/0508_1.pdf.

[105]　*Ref.*, https://www.aioinissaydowa.co.jp/corporate/about/news/pdf/2019/news_2019061400588.pdf; https://cmap.dev.

[106]　*Ref.*, https://www.tokiomarine-nichido.co.jp/company/release/pdf/181121_01.pdf.

[107]　*Ref.*, https://www.sjnk.co.jp/~/media/SJNK/files/news/2018/20190325_1.pdf.

ビスの提供を 2019 年 5 月に開始している[108]。

（2）保険ソフトウェア

　保険ソフトウェアは、保険関連の業務の様々な局面で活用されることになる（したがって、新しい情報通信技術を利用して、多種多様な保険関連のソフトウェアが開発されていくことになる。後述本章 9（1）も参照）。また、ここでも人口知能が活用されることがある。

　たとえば、クリック・インス社（Click-Ins, Ltd. イスラエル）が開発したゲットミーインス（getmeIns）は、顧客自身のデータおよびビッグデータを利用して、保険詐欺を行う可能性の高い顧客を保険契約締結時点で保険会社に警告するソフトウェアである[109]。保険詐欺の防止や発見を行うソフトウェアは、欧米で盛んに開発競争がなされている。シフト・テクノロジー社（Shift Technology. フランス）も、そのようなソフトウェアの開発企業である[110]。

　ゼネフィッツというソフトウェアは、企業向けの包括的な人事管理ソフトであるが、提供者であるユアピープル社は、当該ソフトウェアの提供に合わせて団体健康保険を販売している（前述 3 参照）。

　ヴェフォックス（前述 2 参照）は、保険ブローカーと消費者の双方に保険ソフトウェアを提供している。すなわち、保険ブローカーには顧客管理システムを提供している。消費者には、保障内容の診断、保険契約の管理、保険ブローカーとのチャット、保険金請求を一元化したアプリを提供している。

　日本では、ソフトウェア開発会社において、消費者向けの保険証券

＊108　*Ref.*, https://www.ms-ins.com/news/fy2019/pdf/0529_1.pdf.
＊109　*Ref.*, https://www.f6s.com/getmeins.
＊110　*Ref.*, https://www.shift-technology.com/jp. なお、日本では、三井住友海上火災保険およびあいおいニッセイ同和損保が同社の保険金不正請求検知ソフトウェアを導入し、運用を開始すると 2019 年 4 月に発表している。*Ref.*, https://www.ms-ins.com/news/fy2019/pdf/0411_1.pdf.

（保険契約）管理ソフトの開発が盛んである。たとえば、株式会社MILIZE（日本）の「miruho」（みるほ）[*111]、株式会社インフォディオ（日本）の「保険フォルダ」[*112]、iChain 株式会社（日本）の「iChain 保険ウォレット」[*113] といったものがある[*114]。

8．IoT（Internet of Things）

　IoT（Internet of Things）とは、インターネットで接続されて情報交換ができる物のことである。保険に関連する主要な IoT としては、ウェアラブル端末、テレマティクス端末、スマート・ホームといったものがある[*115]。

　ウェアラブル端末やテレマティクス端末やスマート・ホームによって、人保険の被保険者や自動車保険の被保険自動車や火災保険の目的物である住宅から、時々刻々とリスク情報を保険会社は入手できることになる（保険会社がリスク情報を大量に収集することによって、現行保険法の規律が適切に適用されるか否かについては後述第4章を参照）。もちろん、事故情報も入手できることになる。

　たとえば、南アフリカのディスカバリー社（Discovery Ltd.）は、"Vitality"と称する健康増進プログラムを開発している[*116]。日本では、同社およびソフトバンクと提携した住友生命保険が「住友生命 Vitality」という名称で健康増進型保険を販売している。このプログラムでは、

[*111]　*Ref.,* https://lp.miruho.com.

[*112]　*Ref.,* https://www.infordio.co.jp/service/holder.html.

[*113]　*Ref.,* https://www.ichain.co.jp/index.html#mari.

[*114]　もちろん、保険会社自身も保険証券管理ソフトウェアを提供している。たとえば、東京海上日動火災保険は、「モバイルエージェント」と称した保険証券管理ソフトウェアを広く提供している。*Ref.,* https://www.tokiomarine-nichido.co.jp/app.

[*115]　IoT と保険との関係について、Christofilou and Chatzara（2020）参照。

[*116]　*Ref.,* https://www.discovery.co.za/vitality/join-today.

ウェアラブル端末やスマートフォンアプリで計測されたデータが、Vitality 会員ポータルを通じて、住友生命保険に収集されている[117]。

　またたとえば、自動車保険に特約を付帯したうえで、ドライブレコーダー型のテレマティクス端末を損害保険会社が保険契約者に貸与する方式での普及も進んでいる。これにより、単に被保険自動車の運行・運転情報が送信されるのみならず、保険事故発生時には、当該機器を通じてただちに保険会社と直接交信することができる[118]。さらに、三井住友海上火災保険は、自動車保険のフリート契約者である企業向けに、インカメラとドライブレコーダー型のテレマティクス端末を活用した安全運転支援サービスを 2020 年 1 月から提供している[119]。

9．ブロックチェーンおよびスマート・コントラクト

　ブロックチェーン（Blockchain）とは、改竄（かいざん）が防止された分散型台帳技術（DLT: distributed ledger technology）あるいは分散型ネットワークのことである。スマート・コントラクト（Smart Contracts）とは、契約の自動執行システム、あるいは、契約履行が自動化された（通常は、コンピューターで自動化された）契約のことである[120]。スマート・コントラクトはブロックチェーンと相性が良いので、両者が併用されることがある（正確には、ブロックチェーン技術を用いて

＊117　2016 年 7 月 21 日付け、および、2018 年 7 月 18 日付けの住友生命保険のニュースリリースを参照。*Ref.*, http://www.sumitomolife.co.jp/about/newsrelease/pdf/2016/160721.pdf; http://sp.sumitomolife.co.jp/about/newsrelease/pdf/2018/180717.pdf.

＊118　*Ref.*, https://www.tokiomarine-nichido.co.jp/service/auto/total-assist/shohin/dap.html（東京海上日動火災保険）, https://www.aioinissaydowa.co.jp/corporate/service/telematics/driverecorder.html（あいおいニッセイ同和損保。後述第 4 章 4(1)、4(2)②も参照）, https://www.ms-ins.com/personal/car/gk/mimamoru-dr.html#anc-04（三井住友海上火災保険）, http://www.sjnk.jp/kinsurance/driving_top/pc（損害保険ジャパン日本興亜）.

＊119　*Ref.*, https://www.ms-ins.com/news/fy2019/pdf/1007_1.pdf.

＊120　*Ref.*, Raskin（2017）, p. 306.

スマート・コントラクトが実行される）。

　ブロックチェーン技術が保険業に用いられる局面としては、たとえば次の5つが挙げられている[121]。すなわち、㈎カスタマー・エクスペリエンス（CX: customer experience）の改善および事業費の削減、㈑データ入力および本人確認、㈒保険料計算・リスク評価・保険詐欺防止、㈓従量制保険（pay-per-use）およびマイクロ保険、㈔P2P保険である。

（1）システム・プロバイダー

　こうした情報通信技術を保険に活用するシステムを提供する企業としては、たとえば次のものがある。

　エバーレッジャー社（Everledger Limited. 英国）は、「エバーレッジャー」という名称のサービスによって、ダイヤモンドの来歴を管理する電子台帳を運営し、真贋証明を行う企業である。このシステムは、原産地等の証明書の偽造による詐欺やそれに伴う保険金支払の減少に寄与すると言われている[122]。

　スパークル社（SPAKL Limited. 英国）は、機械等の相互間のシステムを接続するミドルウェアを提供する企業であるが[123]、ブロックチェーン技術を保険に適用するものである[124]。

　ヘルパービット（Helperbit. イタリア）は、ブロックチェーン技術を用いて、災害時に寄付される資金の流れの透明性を確保するプラットフォームである[125]。

---

[121]　*Ref.*, Gatteschi *et al.* (2018) pp. 6-9. なお、McKinsey & Company (2017) p. 10 は、ブロックチェーン技術が大いに寄与すると予想される保険業の局面として、㈎保険料設定およびアンダーライティング、㈑保険金支払手続、㈒保険給付審査、㈓契約管理等のバックオフィス業務を挙げている。

[122]　*Ref.*, https://www.everledger.io.

[123]　*Ref.*, https://opensparkl.org.

[124]　*Ref.*, http://sparkl.com/why/insurance.

[125]　*Ref.*, https://app.helperbit.com.

　モナックス社（Monax Industries, Ltd. 英国）が提供する「モナックス」（Monax. 旧称は Eris）という名称のサービスは、ブロックチェーン技術およびスマート・コントラクトを用いた契約管理プラットフォーム（CLM: contract lifecycle management）である[126]。

　クライド・アンド・カンパニー（Clyde & Co）は国際的な法律事務所であるが、太陽光発電保険を 2019 年 5 月に発表した。この保険商品は、悪天候による太陽光発電不足による太陽光発電業者の損失を補償するインデックス保険である（インデックス保険については後述第 3 章 2（2）②参照）。特徴的であるのは、スマート・コントラクトの技術を用いており、気象データの受信、支払保険金見込額の計算、保険金支払レポートの作成等を自動的に執行する点にある[127]。

（2）保険商品例

　保険商品への具体的な適用例としては、たとえば次のようなものがある。

　すなわち、一部の P2P 保険において（たとえば、レモネード, ティームブレラ）、相当にブロックチェーン技術やスマート・コントラクトが活用されている（P2P 保険の具体例については後述第 2 章 1 参照）。

　定額給付型の損害保険商品においては、保険金支払に関してスマート・コントラクトが大いに活用されている。たとえば、自然災害に関するインデックス保険や航空機遅延保険（flight delay insurance）の保険金支払に関して自動執行システムが導入されている（後述第 3 章 2（1）②、2（2）②参照）。

＊126　*Ref.*, https://monax.io.

＊127　*Ref.*, https://www.clydeco.com/firm/news/view/clyde-co-launches-connected-parametric-insurance-contract; https://www.clydeco.com/uploads/Blogs/employment/Connected_Contracting_Smart_Parametric_Insurance_Clyde__Co.pdf. 濵田（2019）15-16 頁参照。

　また、医療保険分野では、メットライフ・アジア社（MetLife Asia Limited）のシンガポールのイノベーション・センター（Lumen Lab）は、同国の医療データベースと連携して、妊娠糖尿病に関する保険金支払の自動執行を開始した（シンガポールにおける規制のサンドボックスとして実施された。実験期間は、2018年6月～2019年5月）[128]。

　日本においても、開発は進んでいるが、本格的な導入はこれからのようである。たとえば、三井住友海上火災保険は、株式会社bitFlyer（日本）と共同で、ブロックチェーン技術を利用した保険契約申込書類の確認業務について実証実験を開始すると2018年2月に発表している[129]。また、東京海上日動火災保険と株式会社エヌ・ティ・ティ・データ（NTTデータ。日本）は、外航貨物保険の保険金請求へのブロックチェーン技術適用に向けた実証実験を完了したと2018年11月に発表している[130]。さらに、あいおいニッセイ同和損保と株式会社シーエーシー（日本）とソラミツ株式会社（日本）は、ブロックチェーン技術を利用したスマート・コントラクト保険（保険契約の申込み、引受審査、再保険取引、事故通知、保険金審査・支払機能の大部分の自動化）についての実証実験を実施したと2018年11月に発表している[131]。

　そして遂に、日本においても、スマート・コントラクトを用いた保険金の自動支払が2020年8月頃から開始するようである。すなわち、東京海上日動火災保険が発売する震度連動型地震諸費用保険では、被保険者の居住エリアで一定震度以上の地震が発生すると、予め約定した金額（最大で50万円）が自動的に支払われる。実際には居住地や保険金受取

＊128　*Ref.*, http://lumenlab.sg/2018/08/24/vitanasg-launch; http://www.vitana.sg. 損保総研（2019）253頁参照。

＊129　*Ref.*, https://www.ms-ins.com/news/fy2017/pdf/0202_1.pdf.

＊130　*Ref.*, https://www.tokiomarine-nichido.co.jp/company/release/pdf/181101_01.pdf.

＊131　*Ref.*, https://www.aioinissaydowa.co.jp/corporate/about/news/pdf/2018/news_2018111500535.pdf.

口座の確認メールが保険会社から被保険者に送信されるが、これは保険金請求意思の確認ではなく、たとえこれらの情報が72時間以内に確認できなくても、契約締結時の保険契約内容に基づいて保険金支払が自動的に行われる[*132]。

なお、保険会社が自動車保険契約者に提供するドライブレコーダー型テレマティクス端末には、事故による衝撃を検知すると保険会社に信号を発するものがある。そのような端末が設置されている被保険自動車に事故が発生すると、保険会社は当該信号を受信したうえで、当該テレマティクス端末を介して通信を行うことになる。そして、当該通信に被保険者等が応じた場合には、当該事実が保険約款で規定されている被保険者等の事故通知義務の履行とみなされる旨が保険約款の特約で規定されていることがある[*133]。これは、非常に部分的ではあるが、一種のスマート・コントラクトと捉えることができるかもしれない。

以上のとおり、多様な情報通信技術が誕生しつつあり、また、そのような新しい情報通信技術が保険業における多様な局面で活用される形で、インシュアテックは進展しつつある。このようなインシュアテックの進展を踏まえて、次章以下において保険に固有の法的論点のいくつかについて検討を行う。

ただし、将来において、どのような技術開発がなされ、開発される技術がどのように保険業に取り込まれていくのか不明であるので、当然のことながら、インシュアテックに関する法的論点を包括的・網羅的に検討するものではない。また、フィンテックと共通する法的論点（たとえ

ば、個人情報保護、人工知能の透明性等）に関しては、フィンテック分野において相当に研究が蓄積されつつあるので取り上げない。

第2章

「保険」概念に対する挑戦
―P2P保険の「保険」該当性―

インシュアテックの一形態にP2P保険（peer-to-peer insurnace）がある。これは、新しい情報通信技術を用いた、保険契約者間における相互扶助の仕組みが全部または一部を成すリスク分散システムである。ただ、P2P保険の中には、保険法や保険業法における「保険」概念にはうまく当てはまらないものもあるように思われる。

そこで本章では、まずはP2P保険を概観し（次述1）、その経済実質および定義を検討し（後述2）、その意義や保険業に与える影響等を分析する（後述3）。そのうえで、典型的な保険からは最も遠くにあると思われる特定のP2P保険を取り上げ、当該P2P保険が経済的な保険に該当するか否かを検討する（後述4）。その結果、当該P2P保険が経済的には保険に該当することが判明するので、引き続いて、当該P2P保険の保険法における「保険」該当性（後述5）、および、保険業法における「保険」該当性（後述6）を検討する。最後に本章を総括する（後述7）。

1．P2P保険の概要

ここでは、現実に行われているP2P保険（peer to peer insurance）を概観する*134。海外では既に様々なP2P保険が実施されているが、それらを筆者なりに大別すると、確定拠出方式、保険者等による立替払を伴う賦課方式、保険者の存在しない賦課方式（相互救済制度型）の3類型

---

*134　実際に行われているP2P保険については、たとえば、損保総研（2015）、同（2019）、吉田（2017）、内田（2018）、牛窪（2018）、大和総研（2018）48-50頁参照。なお、2016年5月時点におけるP2P保険の一覧がSwiss Re（2016）p. 37に掲載されている。

に分類することができる[*135]。以下、順に、各類型の概要と代表例を概観する。

（1）確定拠出方式のP2P保険

　確定拠出方式のP2P保険とは、保険料等の拠出方法が通常の保険契約と同様に確定拠出方式であるものの、保険契約者間の相互扶助方式の保険料プールを免責金額部分（あるいは、ファースト・レイヤー）として組み込んだ方式のものである。

　ここで確定拠出方式とは、拠出額が契約当初に定まっている拠出方法を指すこととする（保険料として拠出される場合には、確定保険料方式となる）。拠出時期は問わないので、契約当初に一時払いで拠出することもあれば、契約期間中に分割拠出することもあれば、契約終了後に拠出することもある。また、契約当初には契約期間中のリスク量（たとえば、入場者数、貨物取扱量）が確定していない場合には、逐次、または、契約終了時に、契約期間中のリスク量に応じて拠出を精算することもある[*136]（なお、あくまでも契約期間中のリスク量に応じて精算するのであって、保険事故に基づく給付額に応じて精算がなされるものではない）。

　また、ここで保険料プールとは相互扶助方式で拠出された蓄積を指すこととする（この保険料プールが「保険」に該当するか否か疑義があるものの、一般的には「保険料プール」と称されていること、正確に表現すると「拠出プール」となるが一般的な呼称ではないことから、通常どおり「保険

[*135]　Rego and Carvalho (2020), pp. 32-36 は、P2P保険を、ブローカー型、キャリア型、自己規律型（self-governing model）の3種類に分類する。同論文に言うブローカー型およびキャリア型は、それぞれ、本書における「確定拠出方式のP2P保険」におけるブローカー型とキャリア型に該当する。また、同論文に言う自己規律型は、本書における「保険者の存在しない賦課方式（相互救済制度型）のP2P保険」にほぼ該当する。

[*136]　いわゆる確定精算方式の保険料収受方法がこれにあたる。確定精算方式については、たとえば、団体傷害保険に関して東京海上火災保険（1989）97頁、信用保険に関して同（1984）123頁参照。

料プール」と称することにした）。

　この確定拠出方式の P2P 保険は、さらにブローカー型のものとキャリア型のものに分類することができる。

①　ブローカー型

　ブローカー型の確定拠出方式の P2P 保険は、保険会社以外の者（典型的には、保険ブローカー）が運営する確定拠出方式の P2P 保険である。たとえば、以下のような P2P 保険がある。

（a）　Friendsurance[137]

　フレンジュランス（Friendsurance. ドイツ）を運営するアレクト社（Alecto GmbH. ドイツ）は、独立保険ブローカーであり、保険会社ではない（ドイツ国内の 70 社以上の保険会社と取引をしているとのことである）。また、2013 年にオーストラリアで豪州フレンジュランス社（Friendsurance（Australia）Pty Ltd）を設立のうえ、2017 年よりオーストラリアでフレンジュランス（friendsurance）を営んでいる。ドイツのフレンジュランスが仲介するのは個人向け自動車保険、家財保険、個人賠償責任保険、訴訟費用保険である。一方、オーストラリアのフレンジュランスが仲介するのは自転車保険（物保険、人保険、賠償責任保険）である。

　フレンジュランスにおいても、契約手続や保険金支払手続で新しい情報通信技術を用いているが、特徴的であるのは、保険契約者間の人的な繋がりを保険料プール部分で利用していることである。

　補償は、保険契約者グループ内で保有する部分（第 1 レイヤー。保険料プール）と保険会社に付保する部分（第 2 レイヤー）の二層から成る[138]。第 1 レイヤーに関しては、保険契約者が 10 人単位で[139]グルー

---

*137　*Ref.*, https://www.friendsurance.de; https://www.friendsurance.com.au; https://www.friendsurancebusiness.com. 損保総研（2015）145-149 頁、Rego and Carvalho（2020）pp. 36-40 参照。

プを作り（自主的にグループを作ることも可能であるし、また、フレンジュランスがグループ作りを支援してくれる）、保険料・プールが形成される。当該グループにおいて保険事故が発生しなかった場合には、当該保険料プールの資金が当該グループに所属する保険契約者に還元される（また、保険成績が良いと、次年度の保険料が割引される）。一方、保険事故が発生した場合には、まずは第1レイヤーで補償され、それを超える損害については第2レイヤーである保険会社の補償も発動する。なお、保険が発動しても、フレンジュランスという仕組みの運営者であるアレクト社や豪州フレンジュランス社が、保険給付義務を負担するわけではない。彼らは保険ブローカーに過ぎないからである。

　保険会社にしてみると、仲間内による相互監視を通じて、保険請求における不正請求（架空事故、故意による事故招致、保険金の水増し請求）を抑止する効果が期待される（"responsible claims behaviour" と称している）。ちなみに、グループにおいては、メンバーの削除や追加を月に1回行うことができる。また、第1レイヤーの保険料プール部分に関して保険請求をすると、仲間に将来還元されるべきファンドが減少してしまうため、少額な保険請求を控える傾向があり、支払保険金総額と保険者の保険請求対応コストが低下する。さらに、相互のリスク状況をよく知っている仲間で一緒に保険加入するため、保険会社や保険ブローカーにしてみると、良質な個人保険契約を一定数まとまって獲得できることになる。なお、こうしたことは、グループ単位での保険収支を保険契約者に還元する同様の方式を採用するP2P保険に共通の特徴である。

---

*138　保険契約者に還元され得る最大限度額は保険料の40％であるので（以前の還元率は50〜60％だったようである。損保総研（2015）147頁参照）、第1レイヤーに拠出されるのが保険料全体の40％であり、残り60％が保険者に支払われる保険料およびフレンジュランス運営者（アレクト社や豪州フレンジュランス社）の取り分かと思われる。

*139　ドイツでは最大15人、オーストラリアでは最大10人をグループの規模としている。牛窪（2018）9頁参照。

（b） insPeer

インスピア（insPeer. フランス）は、自動車保険の免責金額部分について P2P 保険の仕組みを保険ブローカーとして提供していたようである。保険契約者は、インスピア内部でソーシャル・グループを作り、当該グループにおいて免責金額部分の保険料プールを設定する。グループは適宜、免責金額を高めることによって、保険会社に支払う保険料負担を低下させることができる（ただし、その分、当該グループ自身が負担する免責金額部分のリスクが増大する）。免責金額部分に限定されるものの、仲間内の相互監視によって、慎重な運転をすることを勧奨したり、保険の不正請求を防止したり仕組みが内蔵されることになる。なお、無事故の場合にはインスピアは何も徴収せず、一方、保険事故が発生した場合には、保険会社から支払われる保険金の数パーセントを管理費用として徴収する[*140]。

現在は、電子機器を保険の目的物とする動産保険の免責金額部分について、保険料プール（"collaborative fund" と称している）を設定している。なお、従来のように保険契約内部でソーシャル・グループを形成することはせず、全体として一つの保険料プールが設定されている[*141]。

（c） VouchForMe[*142]

バウチフォーミー（VouchForMe. 旧称 InsurePal. リヒテンシュタイン）は、ある保険契約者が低リスクであることを、他の保険契約者が保証する仕組み（"distributed social proof insurance" と称している）を提供するプラットフォーマーである。2020 年 1 月現在、自動車保険と収入保障

---

*140 *Ref.*, https://www.the-digital-insurer.com/dia/inspeer-1st-peer-to-peer-insurance-service-in-france.

*141 *Ref.*, Rego and Carvalho（2020）p.33; https://www.automobile-propre.com/inspeer-assurance-collaborative-voitures-electriques. なお、insPeer 自体のウェブサイト（https://ve.inspeer.me）は現在、日本からは確認できないようである。

*142 *Ref.*, https://www.vouchforme.co.

保険を提供している。

　他の保険契約者による保証がなされればなされるほど保険料が低下する。一方、不幸にもある保険契約者に保険事故が発生した場合には、当該保険契約者、および、当該保険契約者に信用を付与している保険契約者で、免責金額について分散負担を行うことになる。したがって、知人間の相互信頼・相互監視・相互抑制を活用した、免責金額部分に関する相互扶助制度であると言えよう。

②　キャリア型

　キャリア型の確定拠出方式のP2P保険は、保険会社が運営する確定拠出方式のP2P保険である。たとえば、以下のようなP2P保険がある。

（a）　Lemonade[143]

　レモネード社（Lemonade, Inc. 米国）は、子会社等として、レモネード保険会社（Lemonade Insurance Company. ニューヨーク州の保険会社）、米国の保険代理店（Lemonade Insurance Agency, LLC.　ニューヨーク州の保険代理店）、欧州の保険持株会社（オランダ法人。Lemonade B. V.）、欧州の保険会社（オランダ法人。Lemonade Insurance N. V）、研究開発会社（Lemonade, Ltd. イスラエル）を有している。

　レモネード保険会社は、まずは2016年9月に米国ニューヨーク州で保険業の免許を取得したうえで、2020年1月現在、26の州とワシントンDCで保険引受を行っている。同社が提供するのは家財保険である（賃借人向け家財保険と住宅所有者向け家財保険）。さらに、レモネード社は、2019年6月にドイツに進出した。

　レモネード保険会社においても、契約手続や保険金支払手続で先進技術を用いているが、特徴的なのは利益分配方法である。すなわち、一般

---

[143]　*Ref.*, https://www.lemonade.com; https://www.lemonade.com/de/en. また、Sagalow（2019），牛窪（2018）15-24頁参照。

に保険会社においては、少なくとも一次的には保険収益は保険会社に帰属することになる。一方、レモネード保険会社では、保険収益を、レモネード保険会社が示す慈善団体の中から予め保険契約者が選択した非営利団体に寄付する[144]。寄付額は、当該非営利団体を選択した保険契約者群について、その保険料総額の 40%[145] が限度額となる。

　結局のところ、補償は 2 層構造となっており、第 1 レイヤーは寄付先単位で設定されたグループの保険料プール、第 2 レイヤーがレモネード保険会社による保険から成るようである。

　このような 2 層構造の補償によって、米国でしばしば問題とされる「保険会社の支払渋り」（保険契約者が拠出した保険料ファンドに関して、保険金として支払われるか、それとも、保険金と支払われずに保険会社の収益となるかで、保険契約者と保険者の利害が相反する事態）が発生しにくくなっている[146]、とレモネード保険会社は宣伝している。このビジネスモデルでは第 1 レイヤーにおける保険収益が保険会社の役員や社員に分配されずに、保険契約者自身が選択した慈善団体に寄付される[147]。こうしたビジネス手法は、保険契約の獲得に繋がるのみならず、保険請求における不正請求（架空事故、故意による事故招致、保険金の水増し請

---

[144]　レモネード保険会社のウェブサイトによると、2019 年における寄付額は 63 万ドルだとのことである。https://www.lemonade.com/giveback, last visited on Jan 2, 2020.　なお、レモネード保険会社は、米国の非営利団体である「B Lab」によって、「認定 B コーポレーション」の認証を受けている（この認証は、一定以上の社会活動や環境活動、透明性、法的説明を備える営利企業に与えられる）。この認証制度については、次のウェブサイトを参照。*Ref.*, https://bcorporation.net.

[145]　レモネード保険会社の取り分となる固定手数料である保険料の 60%は、その 1/3 が保険会社運営費に、1/3 が出再保険料に、1/3 がリスク・バッファーに充てられているようである。
　　なお、保険契約者（正確には、その寄付指定先）への最大還元額が保険料の 40%である点は、前述のフレンジュランスと同じである（前掲注[138]参照）。

[146]　ただし、第 1 レイヤー（保険料プール）を費消し尽くした場合には、第 2 レイヤーの保険が発動するので、一般の保険契約と同様に、保険契約者と保険者の利害が相反する事態が生じることになる。

[147]　保険料プール部分の保険収益は保険契約者に一切還元されない。なお、保険料プール部分の保険収益は慈善団体に一時に寄付されるのではなく、1／4 ずつが 4 年間にわたって寄付される。

求）を抑止する効果が期待されている。やはり保険事業においては、いくら先進的な技術を用いるとしても、不正請求をいかに低減させるかがビジネスモデルの大きな鍵を握っていることが分かる。

(b) Hey Guevara[*148]

ヘイ・ゲバラ（Hey Guevara. 英国。会社名は、JFLOAT Limited）は、自動車保険について、補償を2つのレイヤーに分けたうえ、第1レイヤーについてグループ単位（10人以上）で保険料プールを設定する。具体的には、自動車保険の一般的な保険料相当額を徴収し、その75％を第1レイヤーの保険料プールに投入する（残りの25％は、Hey Guevaraの取り分（第2レイヤー部分の保険料を含む）となる）。

保険事故が発生しなければ、第1レイヤーの保険料プール残高が翌年度にそのまま引き継がれ、更新契約時の保険料値下げに充当される。すなわち、翌年度、当該グループの保険契約者は、一般的な自動車保険料相当額の25％分の保険料支払で済むことになる。

一方、保険事故が発生した場合には、第1レイヤー部分については当該グループの保険料プールから保険給付を行い、第2レイヤーについてはHey Guevaraが保険給付額を負担する（実際には、第2レイヤーの一定部分以上について、Hey Guevaraは再保険に出再しているようである）。そして、翌年度において、当該グループの保険契約者は、一般的な自動車保険料相当額を保険料として支払うことになる（第1レイヤーに残高がなく、保険料割引ファンドがないため）。

なお、保険契約者は、自身が所属するグループの第1レイヤー（保険料プール）の費消状況を確認することができる。また、グループは、匿名投票システムを用いて、特定のメンバー（保険成績が不良なメンバー

---

*148 *Ref.*, https://heyguevara.com.
*149 以上、損保総研（2015）122-123頁、OECD（2017）p.18参照。なお、ヘイ・ゲバラは、2017年9月に事業を停止したが、事業再開を2018年に発表している。

等）をグループから外すことができる[149]。

（2）保険者等による立替払を伴う賦課方式のP2P保険

　保険者等による立替払を伴う賦課方式のP2P保険とは、事故発生時に、相互救済制度部分について、保険者が一旦は給付請求をした契約者に立替払を行い、そのうえで立替額を契約者集団に賦課するものである。

　このタイプのP2P保険では立替払方式を採用しているので、最終的な収支を調整する必要がある。そのため、契約者の拠出について賦課方式（assessment）を採用することになる。ここで賦課方式とは、事故に対してなされた給付の総額に基づいて各自の拠出額が決定される拠出方法を指すこととする。拠出時期は問わないので、契約当初に一定額の拠出を求めたり[150]、契約期間中に逐次、精算を行ったりすることもある。ただ、給付額に基づいて拠出額が決定するので、契約終了後には必ず精算がなされ、拠出が必要となる（契約当初の拠出を求めず、また、契約期間中も逐次の精算を行わない賦課方式では、契約終了時に給付総額および運営手数料の合計額が契約者全体に賦課される。他方、契約当初の拠出が求められる賦課方式や契約期間中に逐次の精算が行われる賦課方式では、契約終了時の賦課額がその分少なくなる）。

　また、保険者が立て替えた金額を保険契約者集団に賦課する方式としては、支払保険金の全額を常に保険契約者集団に賦課するものと、保険契約者の負担額に上限を設定するものとがある。後者の方式では、保険契約者の計算上の負担額が上限額を超える場合には、当該部分は保険者が負担することになる（したがって、当該部分は通常の保険であることになる）。

---

[150]　契約当初に一定額の拠出を求める賦課方式では、当初の拠出が運営者の運営コストの全部または一部に充てられることが多いと思われる。

このような P2P 保険としては、たとえば以下のようなものがある。

（a） **相互宝**[151]

2018 年、中国のアントフィナンシャル（Ant Financial. アリババ・グループ（阿里巴巴集団。Alibaba Group）の金融関連会社）と信美人寿相互保険社は、「相互保」（その後、「相互宝」に名称変更）という P2P 保険の一種を共同発売した。

この商品は、アリペイ（支付宝（ジーフーバオ）。Alipay. アリババグループの決済サービス）という電子決済のユーザーを対象とした、保険期間 1 年間の疾病保険である。加入条件は、「芝麻（ゴマ）信用スコア」というアリババ独自の個人信用評価において、一定点数以上であることである。アリペイのアプリ内で契約手続を行うが、アプリでの加入申込時に芝麻信用スコアが自動的にチェックされ、健康状況の告知内容に問題がなければ契約手続が完了する。

保険料は、契約当初の拠出を求めない賦課方式を採用している[152]。すなわち、契約当初の拠出を求めずに、契約期間中、一定期間ごとに事故に基づく給付額を集計し、給付総額に一定割合（当初の「相互保」は 10%だったが、「相互宝」に変更してからは 8%。これが、保険会社の手数料（取り分）となる）を加えた金額を、加入者全員に賦課する仕組みを採用している。すなわち、毎月 2 回、精算と賦課を行っており、併せて、関

---

[151] 「相互保」は、募集開始後、僅か 1 か月で加入者が 2,000 万人に達したとのことである（片山（2018b）5 頁参照）。そして、2019 年 11 月現在では 1 億人を超えている。なお、「相互保」および「相互宝」について片山（2018a）、同（2018b）、同（2019）、楊（2019）参照。

[152] 「相互宝」は賦課方式を採用しているが、1 年間の保険期間の終了後に拠出を行うのではなく、毎月 2 回、定期的に精算を行っている。賦課方式であるので毎月 2 回の拠出額は毎月 2 回の精算内容発表時まで確定していないものの、拠出のタイミングは毎月 2 回であるので、拠出時期に関しては、確定拠出方式の一般的な保険契約の分割払契約とさほど変わらない。しかも、契約者数が非常に多く、月 2 回賦課される拠出額に大きな変動がなければ、確定拠出方式の一般的な保険契約の分割払契約とほとんど変わらないことになる。賦課方式を採用しながらも、精算・拠出のタイミングを毎月 2 回に設定しているところに、このビジネスモデルの成功要因の一つがあると言えよう。

連情報を開示している。開示される情報は、契約者数、給付請求者数、一人あたりの拠出額（＝賦課額）、給付請求案件の内容（給付請求者の基本情報、診断内容、給付額等）である。

　なお、当初の「相互保」は、給付総額を契約者全員で分担する方式だったが、当局の指導を受けて、現在は契約者の拠出額に上限が設定されている（単純計算した契約者一人あたりの拠出額が上限額を超える場合には、超過給付部分は保険者の負担となる）。したがって、現在の相互宝においては、契約者の拠出額の上限を上回らない場合には、給付総額が多ければ多いほど保険会社の手数料は増加し、逆に、給付総額が少なければ少ないほど保険会社の手数料は減少する（この点は、確定拠出方式を採用する一般的な保険事業と正反対である）。ただし、給付総額が各契約者の拠出額の上限額合計を上回る場合には、上回るまでは、上述のとおり、給付総額が多ければ多いほど保険会社の手数料は増加し、逆に、給付総額が少なければ少ないほど保険会社の手数料は減少する一方で、上回った後は、通常の保険と同様、給付総額が多ければ多いほど保険会社の利潤は減少し、逆に、給付総額が少なければ少ないほど保険会社の利潤は増加することになる。

(b)　「わりかん保険」

　2020年1月、justInCase社（日本）は、中国の相互宝を参考にして、日本において「わりかん保険」を発売した[153]。この商品は、保険期間1年のがん保険であり、がん診断一時金（一律に80万円）と死亡保険金（性別・年齢によって異なる）から成る。

　拠出は、契約当初の拠出を求めない賦課方式を採用している。ただ、拠出額の精算は毎月行われるので、保険契約者にしてみると、保険料引落しのタイミングは確定拠出方式における月払契約と同様である。

---

[153]　*Ref.*, https://p2p-cancer.justincase.jp.

もちろん、賦課方式であるから、拠出額は確定しておらず、算定期間中の給付総額に、保険者の取り分（給付総額の30％）を加えた金額を、契約者総数で除して拠出額が決定される。ただし、契約者の年齢層ごとに拠出限度額が設定されている[154]。したがって、拠出限度額を超える部分は純粋な保険契約であり（その保険料は、拠出額に含まれる保険者の取り分から充当される）、拠出限度額を超えない部分は相互救済制度である（相互救済制度の管理コストも、拠出額に含まれる保険者の取り分から充当される）。

（3）保険者の存在しない賦課方式（相互救済制度型）のP2P保険

保険者の存在しない賦課方式（相互救済制度型）のP2P保険とは、プラットフォーマーが、相互救済制度の運営をしたり、相互救済制度の運営を支援したりする方式のものである。

ここで相互救済制度とは、組合員（あるいは、構成員）が抱えるリスクについて、組合員（あるいは、構成員）から組合（あるいは、団体）へはリスク移転をせずに、組合員相互間（あるいは、団体構成員相互間）で直接に（したがって、リスク引受主体としての保険者の役割を果たす者がいない[155]）、リスクの分担負担を行う経済的仕組みを指すこととする[156]。つまり、保険者に相当する者が存在せず、保険者に相当する者が最終的なリスク負担をすることもないので、相互救済制度は純粋な相互扶助制度であるとも言えよう。

相互救済制度では最終的な収支を調整する必要があるため、契約者の

---

*154 契約者が20-39歳の場合の拠出限度額は、2020年2月15日時点において、月額500円、40-54歳では月額990円、55-74歳では月額3,190円である。

*155 一方、リスク引受主体としての保険者の役割を果たす者がいる相互救済制度としては、たとえばP&I保険がある。P&I保険については、たとえば今泉（1993）、木村ほか（2011）361-384頁〔今泉敬忠〕参照。

*156 吉澤（2006）98頁参照。

拠出について賦課方式を採用することになる。保険者等により立替払を伴う賦課方式の P2P 保険（前述（2）参照）と同様、拠出時期は問わないので、契約当初に一定額の拠出を求めたり、契約期間中に逐次、精算を行ったりすることもある。ただ、給付額に基づいて拠出額が決定するので、契約終了後には必ず精算がなされ、拠出が必要となる。

　たとえば、ティームブレラがこの「保険者の存在しない賦課方式（相互救済制度型）」の P2P 保険に該当する[*157]。

(a)　Teambrella[*158]

　ティームブレラ社（Teambrella Inc. 米国）は、チーム（team）による相互救済制度（この相互救済制度をティームブレラ（Teambrella）と称している）の運営を支援する企業である。ここでチームとは、同一のソーシャル・ネットワークで繋がっている者（たとえば、あるオンラインゲームの愛好者の団体、ある企業の従業員の団体、同一地域に居住する住民）や同種のリスクを抱える者の集団（たとえば、特定のペットを飼育する者の集団）を指す[*159]。

　総じて言えば、各チームのメンバーは、相互救済制度の提供者であると同時に、利用者である。そして、チームの運営は、チーム設立時に作成した各チームの規約に従って運営される。なお、補償内容、給付書類等も各チームの規約である補償規約（coverage rules）で決める。その後のチーム運営、すなわち、規約の変更、入会審査、事故発生時の給付

＊157　詳細は不明であるが、カナダの「besure」も同様の仕組みのようである。*Ref.*, https://besure.com.

＊158　ティームブレラの仕組みに関する分析として、Rego and Carvalho（2020）pp. 41-45 参照。
　　　なお、ブロックチェーン技術とスマート・コントラクトを用いた分散型金融商品として保険商品を作ることができることについて Davis（2014）参照。

＊159　2020 年 1 月 3 日現在、4 カ国で 4 つのチームを試験的に運営している。すなわち、ペルー（ペット保険。200 人）、オランダ（自転車保険。33 人）、アルゼンチン（ペット保険。135 人）、ドイツ（自転車保険。18 人）である。以上はティームブレラのウェブサイトによるが、2018 年11 月 18 日時点と変化がないので、事実上、運営が停止している可能性が高い。*Ref.*, https://teambrella.com, visited on Nov 18, 2018 and Fev 15, 2020.

審査、給付手続等は、チームごとの投票システムを介して、各チームにおいてメンバーが集団的に行う。

チーム加入に関しては、特段の要件を設定しないチームもあれば、既存メンバーの紹介を要するチームもある。そして、入会審査に際しては、申請者が付保物件に関する情報をチームに提供し（提供を求める情報はチームが定める）、チームが申請者のリスク係数（risk coefficient）を決定し、当該リスク係数を申請者が承諾すると加入となる。

各メンバーは、拠出および給付受領のため、自己の暗号資産[*160]ウォレット（wallet）を保有し、一定量の暗号資産（Ether）を当該ウォレットに維持する。なお、このウォレットはティームブレラ社のサーバーの管理下にはない。

拠出は、契約当初の拠出を伴わない随時精算の賦課方式である。すなわち、メンバーは、契約当初に、あるいは、定期的に拠出を行う必要はない。事故を起こしたメンバーが給付（reimbursement of claims）を請求した場合のみ、当該給付のうちの自己の負担部分のみを、自己の暗号資産ウォレットから拠出すればよい。したがって、メンバー全員が無事故であった場合には、何も拠出する必要がない。

事故が発生すると、事故を起こしたメンバーはチームに報告するとともに、必要な情報を提供する（あくまでもチームのメンバーに報告するのであって、ティームブレラ社に対して、事故発生を報告したり事故内容につ

[*160] 「暗号資産」（"crypto asset" の邦訳）は、従前は「仮想通貨」（"virtual currency" の邦訳）と称されていた。けれども、2018年の G20（Group of Twenty）のサミット首脳宣言において、「仮想通貨」（Virtual Currency）から「暗号資産」（Crypto Asset）に呼称が変更された。これを受けて、日本においても資金決済法および金融商品取引法が改正され、同様の呼称変更が行われた（「情報通信技術の進展に伴う金融取引の多様化に対応するための資金決済に関する法律等の一部を改正する法律」令和元年5月31日成立、令和元年法律28号。2020年5月1日施行。なお、同法によって、保険会社も「保険業高度化等会社」を子会社として保有できることになった。インシュアテック企業は、この「保険業高度化等会社」に該当する。荒井ほか（2019）参照）。
なお、The FATF Recommendations（2018年10月改定）においては、"Crypto Asset" ではなくて、"Virtual Asset"（仮想資産）という呼称が使用されている。

いて情報提供したりするのではない）。チームの各メンバーは、申請内容の妥当性を判断し、給付可否および給付内容について投票を行う。投票権は、直近数カ月間における拠出累計に比例する。投票期間として一定期間が設定され、投票結果の中央値（median value of votes）が採用され[161]、給付可否および給付内容が決定する（チームにおける他の事項に関する決定にもこの方式が採用されている）。ティームブレラ社によると、給付審査や給付手続に同社が関与しないことによって、給付手続の透明性が増大するとともに、確定拠出方式の一般的な保険契約に関して生じ得る「保険会社による保険金の支払渋り」といった事態を回避できるとする[162]。

なお、給付可否や給付内容の検討には専門性が必要なため、投票権の代理行使（proxy voting）、および、代理行使者に対する報酬支払をティームブレラ社は推奨している。すなわち、給付審査に関する専門性の高い者に投票権行使の代理を委任することを認めるとともに、受任者がその能力と時間を費やして給付請求内容の妥当性を検証・判断することに対する報酬を付与する制度を、チームの判断で設定するのである（なお、このような受任者をメンバー以外の者に依頼することもチームの判断で可能である）。

今のところ、この事業は開始間もないので、ティームブレラ社は報酬を徴収していない。けれども、事業が軌道に乗れば、一般の保険会社と同等の報酬を徴収する予定だとのことである[163]。

---

[161]　ティームブレラは、中央値を採用することによって、平均値（mean value of votes）を採用するよりも、戦術的な投票行動による弊害を抑えることができるとしている。

[162]　なお、給付審査や給付手続にティームブレラ社が関与せず、一般的な保険契約における保険契約者に相当する、ティームブレラのチームの各メンバー自身が給付審査や給付手続を実行するという発想は画期的だと思われる。

[163]　以上、ティームブレラのウェブサイトに掲載されている FAQ による。*Ref.*, https://teambrella.com/faq.

２．P2P 保険の理論的分類と定義

（１）P2P 保険の理論的分類

　P2P 保険を定義するためには、その経済実質を的確に把握する必要がある。そこで、P2P 保険の特徴となっている保険料等の拠出および保険者の存否に着目して、P2P 保険の理論的な分類を行うことにする。実際に行われている P2P 保険は３種類に大別されるが（前述１参照）、理論的には、８つの類型を想定することができる。すなわち、まず、保険者の存否で二分することができる。次に、それぞれについて、相互扶助部分への保険料等の拠出方式で二分することができ（保険料プールへの確定拠出方式と、相互救済制度の賦課方式[*164]）、さらに、相互扶助部分（保険料プールや相互救済制度）からの給付について保険者等による立替の有無で二分すると、全部で８類型となる。具体的には、以下のⅠ類型〜Ⅷ類型となる（〔表1〕参照）。

　Ⅰ類型は、保険者が存在し、保険料プールへの拠出および保険料支払について確定拠出方式を採用した、保険料プールと保険とを組み合わせ

[*164]　一時払方式であれば、一般的な保険契約における確定拠出方式と、相互救済制度における賦課方式とは大きく異なる。けれども、分割払方式の前者と定期的に精算を行う後者とでは、両者の相違は限界的である。たとえば、月払方式の確定拠出方式と、毎月精算方式の賦課方式との相違は、実質的には、確定拠出額と、給付実績に応じた変動拠出額との相違に過ぎない。そして、毎月精算を行う賦課方式であって、当該相互救済制度の対象リスク数が十分に大きく、事故発生頻度が安定的で、しかも拠出額に上限が設定されている場合には（たとえば、「相互宝」。前述１（２）(a)参照）、限りなく月払方式の確定拠出方式に近づいていくことになる（前掲注＊152参照）。

　また、契約当初に加入料を徴収したうえで、給付実績に応じて拠出を求める賦課方式もあるが、加入料が少額であればあるほど、契約当初の拠出を求めない賦課方式に近づいていく。たとえば、「相互宝」に似た商品である、同じく中国の「水滴互助」（https://www.shuidihuzhu.com）や「悟空互助社」（https://www.wukonghuzhushe.com）は、契約当初の拠出を伴う賦課方式を採用しているが、いずれも最低加入料は 10 中国元以下である（2020 年 1 月現在）。なお、両商品とも、拠出額に上限を設定していない（この点でも、両商品は「相互宝」と異なる）。なお、中国には似たような相互扶助方式の商品が多数存在するが、それらについては Yan *et al.*, (2018) を参照。

〔表1〕P2P保険の理論的分類

	保険料等の確定拠出方式		保険料等の事後拠出方式	
	保険料プールからの給付について保険者等の立替なし	保険料プールからの給付について保険者等の立替あり	相互救済制度からの給付について保険者等の立替なし	相互救済制度からの給付について保険者等の立替あり
保険者存在	Ⅰ類型 保険料プール＋保険	Ⅱ類型 保険料プール＋保険	Ⅲ類型 相互救済制度＋保険	Ⅳ類型 相互救済制度＋保険
保険者不在	Ⅴ類型 保険料プール	Ⅵ類型 保険料プール	Ⅶ類型 相互救済制度	Ⅷ類型 相互救済制度

（筆者作成）

たP2P保険であって、事故発生時における保険料プールからの給付について保険者が立替払を行わないものである。保険料プールからの支払を保険者が立替をせず、その一方で保険金は保険者から支払われるため、事故発生時に契約者は2カ所から支払を受けることになる（ただし、ほとんどの事故の支払が保険料プールで賄われて、保険が発動することが稀であれば、さほど不便はないであろう）。

　Ⅱ類型は、保険者が存在し、保険料プールへの拠出および保険料支払について確定拠出方式を採用した、保険料プールと保険とを組み合わせたP2P保険であって、事故発生時における保険料プールからの給付について保険者が立替払を行うものである。Ⅰ類型と対比すると、保険料プールからの給付について、保険者が一旦は立替払を行い、そのうえで立替額を保険料プールから回収したり、契約者集団から拠出を徴収したりする点が異なる。

　一時払方式の確定拠出方式では、保険料プール部分について保険者が立替払を行う経済的必要性に乏しい。けれども、保険金部分も含めて支払う要請等があるかもしれず、保険者が保険料プール部分について立替払を行ったうえで保険料プールから回収する可能性も否定できない。一方、分割払方式の確定拠出方式では、保険料プールに十分に拠出が蓄積

されないうちに事故が発生すると、給付必要額に不足する可能性がある。そのため、そうした事態に対応すべく、本来、保険料プールから給付すべき金額について保険者が一旦、立替払を行い（保険部分の保険金と合算して支払うことが多いであろう）、そのうえで、保険者は、保険料プールの蓄積から立替額を回収するとともに、回収不足分について、その後に保険料プールへ分割拠出される拠出をもって分割回収を行う方式を採用することが考えられる。

なお、確定拠出方式のP2P保険として紹介したP2P保険商品例（前述1（1）参照）において、保険料プール部分について保険者が立替払を行うか否かは必ずしも明らかではないので、Ⅰ類型に該当するのか、それとも、Ⅱ類型に該当するのか断定できない（ただ、いずれにしてもⅠ類型またはⅡ類型に該当する）。

Ⅲ類型は、保険者が存在し、相互救済制度への拠出および保険料支払について賦課方式を採用した、相互救済制度と保険とを組み合わせたP2P保険であって、事故発生時における相互救済制度からの支払について保険者が立替払を行わないものである。相互救済制度からの給付を保険者が立替をせず、その一方で保険金は保険者から支払われるため、事故発生時に契約者は2カ所から支払を受けることになる（ただし、ほとんどの事故の支払が相互救済制度で賄われて、保険が発動することが稀であれば、さほど不便はないであろう）。むしろ、相互救済制度部分について保険者が立替払をせず、しかも、賦課方式を採用しているので、いかに契約者から拠出を徴収して事故に遭った契約者に給付を行うかが鍵となる（まさに、新しい情報通信技術の活用が期待される局面である）。

Ⅳ類型は保険者が存在し、相互救済制度への拠出および保険料支払について賦課方式を採用した、相互救済制度と保険とを組み合わせたP2P保険であって、事故発生時における相互救済制度からの給付について保険者が立替払を行うものである。中国で大成功している「相互宝」（前

述1（2）(a)参照）はこの類型にあたる。

　Ⅴ類型は、保険者が存在せず、保険料プールへの拠出について確定拠出方式を採用した、保険料プールのみのP2P保険であって、事故発生時における保険料プールからの給付について立替払を行う者がいないものである。保険者が存在せず、保険料プールのみの制度であるため、「保険」該当性が問題となる典型的な類型である。なお、確定拠出方式の保険料プールでは引受キャパシティが自ずと小さくなるので、部分的な賦課方式も併用することが多いであろう（すなわち、多額の支払が必要となる事故が発生した場合には、確定拠出とは別に、必要額について追加拠出を求める方式である。なお、その場合にはもはやⅤ類型ではなく、Ⅶ類型となる）。

　Ⅵ類型は、保険者が存在せず、保険料プールへの拠出について確定拠出方式を採用した、保険料プールのみのP2P保険であって、事故発生時における保険料プールからの給付について立替払を行う者がいるものである。保険料プールへの拠出は事前になされているはずであるから、立替払を行った者は、保険料プールから立替額を回収することになる（ただし、分割払方式の確定拠出方式では、保険料プールに十分に拠出が蓄積されていないことがあり、その場合には立替金を全額回収するまでには時間を要することになる）。なお、この立替払を行う者は、保険引受リスク（underwriting risk）[165]を引き受けているわけではないので（単に、立替金の回収リスクを抱えているだけである）、「保険者」に該当するのか否かについて疑義がある。

　Ⅶ類型は、保険者が存在せず、相互救済制度への拠出について賦課方式を採用した、相互救済制度のみのP2P保険であって、事故発生時に

---

[165]　吉澤（2006）20-22頁参照。なお、保険引受リスクについて、たとえば、Harrington and Niehaus（2004）p. 554参照。

おける相互救済制度からの給付について立替払を行う者がいないものである。保険者が存在せず、相互救済制度のみの制度であるため、「保険」該当性が問題となる典型的な類型である。保険者の存在しない賦課方式（相互救済制度型）のP2P保険（前述1（3）参照）がこの類型にあたる。

Ⅷ類型は、保険者が存在せず、相互救済制度への拠出について賦課方式を採用した、相互救済制度のみのP2P保険であって、事故発生時における相互救済制度からの給付について立替払を行う者がいるものである。なお、この立替払を行う者は、保険引受リスクを引き受けているわけではないので（単に、立替金の回収リスクを抱えているだけである）、Ⅵ類型と同様、「保険者」に該当するのか否かについて疑義がある。「相互宝」に商品改定をする前の「相互保」（前述1（2）(a)参照）はこの類型にあたるものだったかと考えられる。また、中国で滴滴金融が運営する「点滴相互」もこの類型にあたると思われる。さらに、マレーシアのクラウドケア社（Crowd Care Sdn. Bhd）が会員から徴収する固定年会費で運営する、医療費実費の相互扶助である「ライフ・エンジニアリング」（Life Engineering）もこの類型にあたると思われる[166]。

以上のように、保険者の存否、保険料等の拠出方式、および、保険料プールや相互救済制度からの給付に関する立替払の有無に着目すると、P2P保険は理論的には8類型に分類することができる。いずれも、相互扶助方式の保険料プールや相互救済制度を積極的に取り入れている点に大きな特徴があることが分かる。

（2）P2P保険の定義

このようなP2P保険の経済実質を理解したうえで、P2P保険の定義

---

[166] *Ref.*, https://www.lifeengineering.my.

について考えてみることにする（なお、P2P 保険の「保険」該当性については後述 4 以下で検討する）。

P2P 保険の定義に関する共通の理解は、今のところ成立していないようである[167]。たとえば、「ソーシャルメディア等を活用して個人の集まりであるオンラインネットワークを作り、ネットワーク（グループ）のメンバーでリスクをシェアする、保険に類似した仕組み」であると言われたり[168]、「典型的には、個々人が直接結び付いて形成される保険的な仕組み」とも言われたりしている[169]。その一方で、「一定の属性を有するユーザーがオンライン上で団体を形成し、共通するリスクをカバーするために保険料を拠出する仕組みの保険」と言われたり[170]、「個人同士（peer to peer）が SNS 等を利用して比較的属性の揃った契約者グループを作り、割安な保険に加入するタイプの保険」と言われたりしている[171]。

どの定義においても、一定の集団（社会集団や類似属性の集団）の内部でリスク・シェア（相互扶助）を行う、という P2P 保険の本質的な特徴が的確に捉えられている。ただ、前 2 者の定義では P2P 保険は「保険」ではなくて類似保険であるとする一方で、後 2 者の定義では P2P 保険は「保険」であるとしている。やはり、P2P 保険は、保険であるとも、類似保険であるとも、一概には言えないようである（「保険」の定義次第である。後述本章 4 〜 6 参照）。

そこで、相互扶助に着目してインシュアテックの一つである P2P 保険の定義を考えるに、「P2P 保険とは、団体構成員間の相互扶助制度、または、団体構成員間の相互扶助制度を組み込んだ保険（類似）制度で

---

*167　井上（2018）4 頁参照。
*168　内田（2018）67 頁。
*169　吉田（2017）35 頁参照。
*170　「イノベーションと法」勉強会（2017）18 頁参照。
*171　牛窪（2018）3 頁注 3 参照。

あって、新しい情報通信技術を活用しているものである。」と言えよう（あるいは、この定義における「相互扶助」の部分を「リスク・シェアの仕組み」と言い換えることもできる）*172。

3．P2P保険と保険業界

P2P保険は日本でも登場し始めている（たとえば、前述1（2）(b)参照）。そこでここでは、日本の保険市場においてP2P保険にはどのような意義があるのか（次述（1））、日本におけるP2P保険の普及を阻害する要因があるとすれば、それは何か（後述（2））、P2P保険が普及した場合に日本の保険市場にどのような影響を与える可能性があるのか（後述（3））を検討する。

（1）日本の保険市場におけるP2P保険の意義

日本の保険市場にとって、P2P保険には次のような意義があると考えられる。

①　新しい団体保険制度

現在の団体保険制度は、一定の条件に該当する場合にのみ、組成が認められている。その代わり、一般契約と比較すると、団体保険加入者は相対的に安価な保険料を享受している。安価たることの源泉は、一つは相対的に安価な付加保険料であり、もう一つは良好なことが多い損害率に基づく純保険料（危険保険料）である（なお、保険契約者が負担する保

---

*172　ただし、P2P保険の定義に、「P2Pネットワーク」の概念を取り込むべきかもしれない。
　　広義のブロックチェーン技術である分散型台帳技術（DLT）は、P2Pネットワーク上で維持される。ここでP2Pネットワークとは、クライアント＝サーバー型ではなく、各参加ノード（ノードとは、通信を行う各コンピューターのことである）が対等に直接通信するネットワークのことである。野村総合研究所（2016）9頁、ブロックチェーン技術の活用可能性と課題に関する検討会（2017）12頁参照。

険料は、純保険料と付加保険料から成る）。

　しかしながら、全ての日本居住者や日本所在の事業者等が団体保険制度を利用できるわけではない[173]。団体保険の加入者資格を持たない者も相当数存在するだろう。また、たとえ加入資格があるとしても、損害率が良好ではないがため、純保険料が一般契約と大差ない団体保険契約も存在しよう。

　そのような場合にはP2P保険が有用である。なぜなら、第1に、自分達で任意に、実質的な団体保険制度を作ることができるからである。一般に、団体保険は、保険会社や保険代理店主導で形成されている。一方、P2P保険によっては、契約者主導で集団を形成することができる。しかも、P2P保険によっては、当該集団自身でP2P保険を運営することもできる。

　第2に、団体契約における団体内加入勧奨に相当する行為は、P2P保険では、特定の契約者集団の内部において、当該集団自身が行う。そのため、団体保険と同様に、あるいは、それよりも安価な募集コストで済むことになるからである（ただし、保険監督規制の適否が判然としないこともあると思われる[174]）。

　また、募集のほか、給付請求内容の審査、給付手続、契約管理といった、一般的には保険会社が行う業務についても契約者集団が自律的に行う場合には、募集コスト以外の経費もほとんど発生しない（その代わり、その分のワーク・ロードが契約者自身に発生するが、新しい情報通信技術を活用すれば大幅な省力化が可能かもしれない。また、そうした作業をプラットフォーマーに対して安価に委託することができるかもしれない）。そのため、通常の保険契約における付加保険料相当部分を、劇的に安く抑える

---

[173]　なお、海外居住者や海外所在物件のリスクに関しては、当該外国の海外直接付保規制等があるため、日本の保険業免許を持つだけの保険会社は通常は引き受けることができない。なお、通信による保険の越境取引に関する規制について吉澤（2016）参照。

ことができる可能性があるからである。

第3に、損害率が良好であると思われる者をメンバーとして契約者集団に迎え入れていけば、純保険料相当部分も一般的な保険契約よりも低額で済むことになるからである。

以上の理由により、P2P保険は、少なくとも、団体保険制度に実質的に新しい類型をもたらすものだと言えよう。またさらに進んで言えば、既存の団体保険制度に代替していくことも考えられるばかりか、場合によっては、既存の団体保険制度を大きく変容させたり、崩壊に導いたりする可能性も完全には否定できないと思われる。

② 補償内容および拠出額決定権の移転

P2P保険によっては、補償内容（定額給付型のP2P保険では、保障内容。以下、同じ）や拠出額を、契約者集団が決定することも可能である。

現在でも、大企業向けの保険契約では、補償内容に保険契約者の意向を反映させることが行われている。一方、消費者向けの保険契約では、そうした裁量は保険契約者にない（単に、用意された特約を選択できるだ

---

*174　一般契約の保険募集行為に関しても、団体契約への加入勧奨行為に関しても、保険会社や保険募集人等には原則として情報提供義務や意向把握等の義務が課されている（保険業法294条1項、294条の2）。ところで、P2P保険では、契約者自身が知人等を新たな契約者となるよう勧誘することがあるが、契約者自身は、同法の直接の規制対象にはなっていない。けれども、保険会社または保険募集人が契約者にこうした行為を行わせていた場合には（事実上、行わせていたと評価できる場合を含む）、当該勧誘行為の内容次第であるが、当該保険会社や当該保険募集人は保険募集規制（上述の情報提供義務および意向把握等の義務、保険募集の再委託禁止等）の対象となる可能性があるのかもしれない。

　また、保険募集行為に該当しない場合であっても、保険会社または保険募集人が「募集関連行為」を第三者に行わせる行為は、現在は一定の規制下に置かれている（金融庁「保険会社向けの総合的な監督指針」（平成30年2月）Ⅱ-4-2-1(2)）。ところで、上述のとおりP2P保険では契約者自身が知人等を新たな契約者となるよう勧誘することがあるが、保険会社または保険募集人が契約者にこうした行為を行わせていた場合には（事実上、行わせていたと評価できる場合を含む）、こうした勧誘行為が「募集関連行為」に該当する可能性があるのかもしれない。

　ただし、当然のことながら、保険会社も保険募集人も存在しないようなP2P保険では（たとえば、ティームブレラ）、そもそも規制対象者である保険会社や保険募集人が存在しないので、上述の規制はいずれも適用されないと考えられる。

けである）。また、保険料決定権は保険契約者側にはない。

　ところが、P2P 保険によっては、こうした状況を解消し、契約者自身が望む補償内容を、自分達で作り出すことができる。さらには、拠出額の設定についてまで、契約者集団が決定権を握ることもできる。ただし、拠出額の決定権を契約者が握ることができるとしても、P2P 保険のうち、保険者（あるいは、P2P 保険提供者）が保険引受リスクを引き受けない部分（すなわち、相互扶助方式の保険料プール部分や相互救済制度部分）に限定される。

③　危険選択・危険測定の正確性向上

　従来型の保険では、保険者が付保リスクに関する危険選択を行ってきたが、P2P 保険では、この危険選択の一部あるいは全部を、契約者集団に委ねることもできる。

　従来型の保険では保険者・保険契約者間で「情報の非対称性」（asymmetric information）があるため（すなわち、リスク情報が保険契約者側に偏在している）、逆選択の問題を避けることができない。

　一方、P2P 保険においては、契約者が所属する集団に危険選択の一部または全部を委ねた場合には、当該集団の内部では、一般的な保険契約における保険者・保険契約者間の「情報の非対称性」に比して、「情報の非対称性」の程度が格段に低下するので、より正確な危険選択が可能となる[175]。

　また、実際にも、普段から注意深く行動しており、事故を起こしにくいような仲間を、P2P 保険の既存契約者が自身の所属する契約者集団に

---

[175]　従来の保険経済学では、個々の保険契約者と保険者との間の付保リスクに関する「情報の非対称性」が研究対象とされてきた。けれども、P2P 保険によっては、保険者（あるいは、P2P 保険制度を運営するプラットフォーマー）は、P2P 保険の引受に一切関与せず、契約者集団が、新しく契約者（メンバー）となる者について、加入可否や適用料率を判断したり設定したりすることがある。このような P2P 保険に関しては、加入を希望する者と契約者集団との間の「情報の非対称性」を研究対象とする必要がある。

招き入れることになるので、良質なリスクを集めることができる。

④ 契約者間における相互信頼と相互監視の利用

P2P 保険では、各契約者が P2P 保険内部の集団に所属することになる。このことは、P2P 保険加入後の契約者の行動にも大きな影響を与える可能性がある。

すなわち、P2P 保険内部の集団単位で保険料プールや相互救済制度の成績が計算され、当該成績次第で当該集団の各メンバーの拠出額や拠出還元額等が決定される。そのため、当該集団の規模が小さければ小さいほど、そしてメンバー間の社会的紐帯が強ければ強いほど、契約者は所属集団に迷惑をかけないように行動する可能性が高い（こうした圧力は"peer pressure"と呼ばれている）。

具体的には、第 1 に、契約者は、事故を起こさないように、付保リスクに関して慎重な行動をとる可能性が高い。給付を請求すると、当該契約者がメンバーとして所属する集団が P2P 保険で享受できるメリットが、一定程度あるいは相当程度に損なわれてしまうからである。

第 2 に、同様の理由から、たとえ事故が発生した場合であっても、契約者は、少額損害であれば、給付請求を自主的に差し控える可能性がある。

第 3 に、契約者が給付の不正請求（モラル・リスク）を行う可能性が非常に低下する。そのようなことをすると保険料プールや相互救済制度の成績が悪化する。また、そればかりか、仲間内なので不正請求だったことが露見しやすく、かつ、露見すると当該 P2P 保険から排除されるのみならず、社会的にも当該集団から排除されてしまうからである。

以上のような P2P 保険における契約者であるメンバー間の相互信頼と相互監視は、従来型の保険制度には見受けにくい特徴である[*176]。

⑤ 保険会社との利益相反関係の解消と生成

一般的な保険契約では、保険収益は一次的には保険者の取り分となる

ので、少なくとも短期的には保険金支払を巡り保険者と保険契約者は対立関係に立つ[177]。

一方、P2P 保険のうち相互扶助方式である保険料プール部分や相互救済制度型部分に関しては、事故に基づく給付を控除した保険料プールの残余は契約者等に還元されるし、相互救済制度では事故に応じた賦課しかなされないので、仮に当該部分に関しては、保険者、または、P2P 保険という仕組みの提供者であるプラットフォーマーの取り分（経費や利潤に充てられる部分）が固定されている場合には、こうした対立関係は存在しないことになる。そして、保険者等と保険契約者の対立関係が小さくなる、あるいは、存在しなくなることによって、顧客の、P2P 保険という仕組み、および、その保険者等に対する信頼が上昇することになる[178]。

一般的にはこのように言われているが、必ずしも正確ではない。なぜなら、保険者等の取り分が固定されているシステムや、保険者等の取り分が確定拠出額に比例するシステムでは、そのとおりである。けれども、特に賦課方式においては（〔表1〕のⅢ類型、Ⅳ類型、Ⅶ類型、Ⅷ類型）、保険者等の取り分が相互救済制度での給付額に比例するシステムや、保険者等の取り分が相互救済制度での給付額に応じて決定される拠出額に

---

*176 保険経済学の分野となるが、P2P 保険において、P2P 保険加入後に、契約者がどのように行動するかを分析することが必要であろう。契約者は P2P 保険内部の一定の社会集団（ソーシャル・ネットワーク）である契約者集団に所属しており（あるいは、一定の社会集団に所属している者が P2P 保険の各契約者集団に加入しており）、かつ各契約者集団の保険料プールや相互救済制度の成績が、当該集団に属する契約者に返還される額や拠出額等に反映される。そのため、一般的な保険契約に加入している場合に比して、事故発生防止の努力を行う傾向があり、また、少額の損害額であれば給付請求を差し控える傾向がある、さらに、モラル・リスクを行いにくい傾向がある、と言われている。こうした相互信頼と相互監視の効果が本当に存在するのか否かについて、実証分析を行う必要があるとともに、理論的な経済分析を行う必要もあろう。

*177 長期的には、保険者の保険収益が多い状態が続くと、保険業への参入や保険会社間の価格競争や損害保険料率算出機構の参考純率改定等によって、保険料は低下していくはずである。

*178 特に米国では、顧客の保険業界に対する不信感あるいは反感が非常に強いと言われているが、そのことが人々を P2P 保険に向かわせる背景事情の一つになっている。

比例するシステムでは、そのとおりではないからである[179]。

　たとえば、保険者等による立替払を伴う賦課方式のP2P保険（前述1（2）参照）では、事故が発生した場合、保険者等が事故を起こした保険契約者に一旦は立替払を行ったうえで、立替額について契約者集団から拠出を求めることになる。そして、保険者等の取り分は、保険者等による立替払額に比例する仕組みとなっていることがある（たとえば、「相互宝」や「わりかん保険」）。このシステムでは、保険者等と事故を起こした保険契約者との利害は一致するので、一般的な保険契約におけるいわゆる「保険金の支払渋り」といった事態は生じにくい。その反面、両者の利害が一致するので、「給付の大盤振る舞い」といった事態が生ずる惧れがある。保険者等も、事故を起こした契約者も、共に、給付が多ければ多いほど得をするからである。一方、こうした「給付の大盤振る舞い」で不利益を被るのは、事故を起こさなかった大多数の契約者である。「大盤振る舞い」された給付について、賦課方式に基づいた拠出を求められるからである。そのため、こうした仕組みを採用する場合には、事故を起こさなかった契約者による監視体制の構築が不可欠である（実際、「相互宝」は契約者による監視体制が構築されている）。このような契約者による監視体制が構築されていない場合には、当該P2P保険は契約者の信認を受けられない可能性がある（「わりかん保険」では、契約者による監視体制は構築されていないようである）。

　このように、P2P保険のうち相互扶助方式である保険料プール部分や相互救済制度部分に関しては、保険者等と、事故を起こした契約者との利益相反関係が解消する。その一方で、保険者等の取り分の設定方法次

---

[179]　もちろん、保険料プールへの確定拠出方式のP2P保険に関しても（〔表1〕のⅠ類型、Ⅱ類型、Ⅴ類型、Ⅵ類型）、保険料プールからの給付額に応じて保険者等の取り分が比例的に増減する場合には、保険者等と事故発生契約者との利害が一致することによって、保険者等と無事故契約者との利益相反関係が新たに生じることになる。たとえば、保険料プールからの給付手続に関して、保険者等が、給付件数に応じた手数料や給付額に応じた手数料を徴収する場合が考えられる。

第では、保険者等と事故発生契約者との利害が一致することによって、保険者等と無事故契約者との利益相反関係が新たに生じることになる。

⑥　相互救済制度型 P2P 保険の提供事業

P2P 保険のうち、保険者の存在しない賦課方式（相互救済制度型）の P2P 保険（前述1（3）参照）では、P2P 保険の提供者であるプラットフォーマーは、単に保険制度あるいは保険の仕組みを提供する者に過ぎず、全く保険引受リスクを引き受けない。たとえば、ティームブレラがこうした P2P 保険の提供主体たるプラットフォーマーにあたる。そのような者を「保険者」と呼ぶかどうかは、「保険者」の定義次第であろう。このようなプラットフォーマーは、契約者とリスク移転契約を締結しておらず（単なるシステム提供契約を締結しているに過ぎない）、したがって、保険引受リスクを引き受けていないからである。

もし、このような立場の者が保険者に該当しないとすると（ちなみに、筆者はこの立場である）、こうした事業は、保険業、保険仲介業、送客ビジネス（紹介代理店、保険比較サイト（前述第1章1参照）等）といった事業とは異なるものであることになる。むしろ、保険会社に保険関連のコンピューター・システムを提供しているシステム開発会社が行っている事業に近いものであると捉えることができよう。ただ、当該事業の顧客が保険会社ではなく、相互救済制度型 P2P 保険（あるいは、その契約者）であるという相違があるに過ぎない。したがって、相互救済制度型 P2P 保険の提供者であるプラットフォーマーは、一種の高度な保険ソフトウェア（前述第1章7（2）参照）の提供者と捉えることも可能であろう。

（2）P2P 保険の普及阻害要因

以上からすると、P2P 保険は画期的であり、その前途は明るいように思えるかもしれないが、日本市場における普及にあたっての阻害要因もある。

①　法的な不明確性

P2P 保険には、現行の一般的な保険制度と大きく異なる点がいくつも
ある。そのため、P2P 保険の中には、そもそも経済的な保険であるのか
否か、また、保険契約法である保険法が適用または類推適用されるのか
否か、さらには、保険監督法である保険業法が適用されるのか否かが判
然としないものもある（後述 4 ～ 6 参照）。こうした不明確性（特に、法
的な不明確性）は、制度普及にとって大きな阻害要因となる。

②　保険キャパシティと信頼関係のトレードオフ

P2P 保険は基本的には相互扶助（リスク・シェアリング）制度である
（前述 2 参照）。したがって、P2P 保険内部の保険契約者集団の規模が大
きくなればなるほど、当該集団の保険キャパシティも増大する。

けれども、P2P 保険によっては、P2P 保険内部の各集団における保険
契約者間の相互信頼関係を基礎に置いたり重視したりしていることもあ
る。その場合、所属集団の規模が小さければ小さいほど、一般的には、
保険契約者相互間の関係が濃厚となり、相互間の信頼関係も厚いものに
なっていく（危険選択・危険測定の正確性向上（前述 3 （1）③参照）や保
険契約者間における相互信頼と相互監視（前述 3 （1）④）の効果が発揮され
やすい）。

このように、保険契約者間の相互信頼関係を基礎に置くタイプの P2P
保険では、保険キャパシティと信頼関係とはトレードオフの関係にある。
そのため、P2P 保険内部の契約者集団の規模をどの程度に設定すべきか
についてジレンマが生じる。厚い相互信頼関係を基礎とするのであれば、
10 人程度が限界規模であろう。けれども、それでは大きな保険キャパシ
ティを確保できず、せいぜい、保険金額が十万円～数十万円程度の補
償や保障しか提供できないであろう。現実の損害保険商品に当てはめる
と、自動車保険における免責金額の補償、医療費の自己負担部分やペッ
トの治療費の補償、カメラやパソコンやスマートフォンの修理費の補償、

自転車盗難リスクの補償、といったところが消費者向け P2P 保険の主戦場となるであろう（なお、定額給付の保険商品では、どのような保険給付額でも設定可能であるので、比較的少額の保険給付を行う様々な定額保険商品が P2P 保険の候補として考えられる）。

③　リスクの相関関係

P2P 保険のうち、契約者間の相互信頼関係を基礎に置くタイプの P2P 保険では、上述のとおり集積するリスクが少数であるので、それぞれのリスクの独立性が強く求められる。換言すると、各集団の内部で相関関係の高いリスクが集まると十分な分散効果が得られない。ある事象によって一度に多数の事故が発生し、当該集団の相互扶助勘定である保険料プールが破綻したり、相互扶助方式の相互救済制度では賦課額が相当な金額となって拠出不履行が生じたりする惧れがあるからである。

たとえば、同一犬種をペットに持つ近所の愛犬家グループが、ペットの治療費補償に関する保険料プール方式の P2P 保険において、契約者集団を形成していると仮定する。もし、当該犬種に関する感染症がその地域で流行すると、当該集団内部の多数のペットが当該感染症に罹患してしまい、当該集団の保険料プールが破綻してしまうであろう（そのため、早く給付請求した契約者は補償を得られるが、給付請求が遅れた契約者は補償を受けられない、といった事態が生じ得る）[180]。

したがって、P2P 保険では一定の社会集団が P2P 保険の契約者集団

---

[180]　たとえば、日本の Frich（フリッチ）株式会社は、「P2P 保険に関するシステムサービス」や「損害保険代理業及び生命保険の募集」を営んでいるが、「特定の犬種に特化した P2P 型ペット保険サービス」を提供予定であると 2020 年 1 月 24 日に報道発表している。これは、特定犬種に特化した、友人同士のコミュニティをベースとした保険サービスであるとのことである。*Ref.*, https://prtimes.jp/main/html/rd/p/000000003.000043907.html.

　　もし、特定地域の友人同士のコミュニティで相互扶助勘定を構築すると、本文で述べたとおり破綻してしまう可能性がある。ただし、同社のサービスは、友人同士のコミュニティで相互扶助勘定が完結するものではなく、さらに保険（再保険）によるリスク移転を予定している。なお、同社は規制のサンドボックスの認定を 2020 年 3 月 13 日に受けている。*Ref.*, https://www.fsa.go.jp/news/r1/20200313.html, last visited on Mar 13, 2020.

を形成することがあるが、リスクの独立性が低い場合には P2P 保険は適していないことに留意する必要がある。

（3）P2P 保険が日本の保険業界に与え得る影響

P2P 保険が日本で普及した場合に、日本の保険業界に与える可能性のある影響は次のとおりである。

① 団体保険制度の変容・崩壊

P2P 保険によっては、団体保険制度の利用を、全ての者に門戸を開放するとともに、その組成（や保険料設定）の主導権を保険者から保険契約者へと移すことが可能となる。そのため、これまで団体保険のメリットを享受することができなかった個人や事業者等にとっては、P2P 保険内部の集団単位での安価な保険料を享受することができるので、特に大きな意義を有することになる。また、現在において団体保険に加入している個人や事業者も利用が可能となるので、既存の団体保険制度を変容したり破壊したりしていく可能性を秘めている（前述 3（1）①〜④）参照）。

② ニッチな消費者向け商品の拡大

従来型の保険会社は、ニッチな保険需要に、必ずしも十分には応えてこなかった。少額短期保険業が保険業法で創設されて（保険業法等の一部を改正する法律。平成 17 年法律第 38 号。2006 年 4 月施行）、こうした状況は少しずつ改善している。P2P 保険が日本で定着すれば、こうした状況がさらに改善されて、様々な補償や保障が登場することになるだろう。

もし、そのような状況が実現すると、一方では、少額短期保険会社の既存マーケットが P2P 保険に奪われてしまう惧れがある[181]。その一方で、そのような状況においては、当該 P2P 保険商品が提供する補償・

---

*181　大和総研（2018）41 頁図表 1-11 も、P2P 保険が「小規模向け保険」であることを指摘している。

保障内容には保険需要が実際に存在していることが明らかであるので、少額短期保険業者にとって大いに新商品開発の参考となるであろう。また、P2P 保険とセットになった保険商品の開発も可能である。

なお、P2P 保険による小口の補償・保障の提供によって、従来型の保険会社の保険商品にも影響を与える可能性がある。たとえば、自動車保険の車両保険等の免責金額部分の補償が P2P 保険で組成されるかもしれないし、火災保険の失火見舞費用保険金や地震火災費用保険金に相当する P2P 保険が誕生するかもしれない（前述 3（2）②参照）。

③　専門職業人賠責や事業者向け保険への展開

P2P 保険は、これまで、消費者向けの保険商品を中心に組成されてきた。けれども、P2P 保険は消費者向け保険に限定されるわけではなく、むしろ消費者向けではない保険商品に大活躍の場があると考えられる。すなわち、P2P 保険は、「保険キャパシティと信頼関係のトレードオフ」という潜在的問題を抱えているが（前述 3（2）②参照）、専門職業人の団体や事業者団体向けに P2P 保険を開発すれば、この問題を乗り越えられる可能性がある。

なぜなら、そうした団体では、第 1 に、団体構成員間に一定の信頼関係が存在している。また、そのような団体内部においては、事業を円滑に行っていくうえで相互信頼が極めて重要である。

第 2 に、一定の信頼関係を共有する構成員の数は 100 人（100 社）単位あるいは 1,000 人（1,000 社）単位（場合によっては、それ以上）と、消費者向けの P2P 保険と比較すると、相互信頼関係のある人数（事業者数）を格段に多く集めることができる可能性がある。もちろん、ソーシャル・ネットワークのような個人的信頼関係に基づく社会的紐帯の強さは劣るが、その一方で、同業者間におけるビジネス上の信頼関係や団体内の高い規律に基づく社会的紐帯が存在する。

第 3 に、専門職業人や事業者が自身の職業リスクや事業リスクの補償

のために拠出できる金額は、消費者が自身のリスクの補償・保障のために拠出できる金額よりもはるかに多額である。

第 4 に、もし拠出額の全部または一部が、税務上、保険料として損金算入できるとしたら、P2P 保険への加入が一層促進される。

以上のとおり、専門職業人の団体や事業者団体向けの P2P 保険は、契約者間における一定の信頼関係を維持しつつ、大きな保険キャパシティを確保できる可能性がある。具体的な P2P 保険商品としては、たとえば、専門職業人向け賠償責任保険や事業者向け保険（たとえば、PL 保険）における、高額免責金額部分の補償が考えられる。

4．経済的な保険の該当性

P2P 保険には様々な法的論点があり得るが、その中でも基本的な論点であるのは「保険」該当性の問題である。もし P2P 保険が保険法における「保険」に該当しないとすると、保険法の適用を受けないことになる。その場合、保険法の類推適用を受けるかもしれないし、あるいは、保険デリバティブのように保険法の類推適用すら受けないかもしれない。また、もし P2P 保険が保険業法における「保険」に該当しないとすると、保険業法の適用を受けないことになる[182]。その場合、保険業の免許や監督を受けることなく、P2P 保険の事業を営むことができる可能性がある。

---

[182] 保険業法に関しては、類似保険に対する取締りも法の目的となるため、経済的な保険に該当しない場合であっても、同法を適用すべき領域があるとの考え方もあり得るところである（なお、そもそも、保険業免許の対象事業を、「保険またはそれに類似するものの引受けを行う事業」と定義してしまえば、このような問題は生じない）。ただ、こうした領域の広狭や存否は、結局は経済的な保険概念をどの程度に広く設定するかということと相関関係で決まることになる。ちなみに、筆者の保険概念を採用すると（本文 4（2）参照）、保険概念は広いので、こうした領域はほとんど存在しないことになる。

　そこで P2P 保険の保険法や保険業法における保険該当性を検討する必要があることになるが、その前に、まずは、P2P 保険が経済的な保険に該当するか否かを検討することにする。なぜなら、保険法は「保険」を規律対象とするものであり（保険法1条）、また、保険業法は「保険」の引受を行う事業である「保険業」を規律対象とするものである（保険業法2条1項柱書）。しかるに、両法とも「保険」に関する定義規定が設けられておらず、しかも、両法とも、規律・規制の対象となる取引が経済的な保険に該当することを暗黙の前提としているからである[*183]。

　なお、以下の検討にあたっては、ティームブレラを検討材料として取り上げる。ティームブレラ社は最も純粋な形態で P2P 保険を営もうとしているし（保険者の存在しない賦課方式（相互救済制度型）の P2P 保険（前述1（3）参照）である。前掲〔表1〕のⅧ類型に該当する）、また、同社はプラットフォーマーであって保険会社や保険ブローカーではなく、同社が提供するサービスは「保険」に該当しないと同社自身が明言しているからである[*184]。なお、確定拠出方式の P2P 保険（前述1（1）参照）においても、免責金額である保険料プール部分は、相互救済制度と同じ相互扶助方式であるので[*185]、この部分については共通する論点がある。また、保険者等による立替払を伴う賦課方式の P2P 保険（前述1（2）参照）においても、相互救済制度部分について保険者が立て替えた給付

[*183]　たとえば、保険法が、「多数の保険契約が集積した『保険制度』というものを暗黙の前提としている」ことについて、山下友信ほか（2019）3頁〔洲崎博史〕参照。またたとえば、保険業法に関しても、東京海上火災保険（1997）13頁〔山下友信〕は、「そのような概念としての保険に該当するもののうち、…保険業法3条4項各号・3条5項各号に該当するもののみに対象を限定することにより保険業の定義が行われている」（なお、「保険業法」という語は筆者が付加した）と述べている。

[*184]　ティームブレラのウェブサイトの冒頭に、「保険ではない」こと、そして、"coverage to each other" であることが明記されている。https://teambrella.com. また、ティームブレラは、"software-driven platform" であって、保険カバーを提供するものではないとティームブレラ社は主張している。同社の利用条件（Terms of Service）参照。*Ref.*, https://teambrella.com/TermsOfService.pdf.

[*185]　牛窪（2018）7頁参照。

は事後的に契約者に賦課されるが、この部分はまさに相互救済制度であるので、共通する論点がより多くなる。

（1）判例・学説

そもそも保険とは経済的な仕組みの一種であるが、経済的な保険の特徴について、判例は、保険業法に関する事案において次のように述べている（最大判昭和 34 年 7 月 8 日・民集 13 巻 7 号 911 頁）。すなわち、「保険契約関係は、同一の危険の下に立つ多数人が団体を構成し、その構成員の何人かにつき危険の発生した場合、その損失を構成員が共同してこれを充足するといういわゆる危険団体的性質を有するものであり、従って保険契約関係は、これを構成する多数の契約関係を個々独立的に観察するのみでは足らず、多数の契約関係が、前記危険充足の関係においては互に関連性を有するいわゆる危険団体的性質を有するものであることを前提としてその法律的性質を考えなければならないのである。」と述べて、経済的な保険が「危険団体的性質」を有することを指摘している[186]。

ただし、この判決は、必ずしも経済的な保険に関する包括的な定義を示したものではなく、経済的な保険には「危険団体的性質」が認められることを指摘したうえで、保険契約関係の法律的性質を検討するにあたっては、この「危険団体的性質」を前提とすべきことを示したものである。

経済的な保険に関しては、学説においても、確固たる定義は確立していない。法学者は、たとえば次のように保険を定義している。

江頭教授は、「保険とは、同種の危険（財産上の需要（入用）が発生する可能性）に曝された多数の経済主体（企業・家計）を一つの団体と見

---

*186　東京高判平成 13 年 11 月 30 日・民集 59 巻 7 号 2009 頁（機械保険連盟事件）も参照。

ると、そこには大数の法則が成り立つことを応用して、それに属する各
経済主体がそれぞれの危険率に相応した出捐をなすことにより共同的備
蓄を形成し、現実に需要が発生した経済主体がそこから支払いを受ける
方法で需要を充足する制度をいう」と定義している[187]。

そこで、江頭教授が示すこれらの要件をティームブレラに当てはめて
みると次のとおりである。すなわち、ティームブレラでは、各メンバー
は事前には何ら拠出をせず（暗号資産のアカウントに一定額を保持するが、
当該アカウントは各メンバーの個人アカウントである）、あるメンバーに事
故が発生して当該事故による損害を補填する必要が発生し、チーム内で
補填が決定された場合に初めて、各メンバーの暗号資産アカウントから
補填が必要なメンバーの暗号資産アカウントへと、所定の暗号資産が移
転する。つまり、契約当初の拠出を求めない賦課方式を採用しており、
事前にメンバーが「危険率に相応した出捐」をなすことによって「共同
的備蓄」を形成することはない[188]。また、事故の損害の補填を受ける
メンバーは、他のメンバーから直接に暗号資産の支払を受けるのであっ
て、共同的備蓄から支払を受けるのではない。したがって、江頭教授の
立場では、ティームブレラの仕組みは、そもそも経済的な「保険」に該
当しないことになろう。

洲崎教授は、「同様の危険にさらされた多数の経済主体が金銭を拠出
して共同の資金備蓄を形成し、各経済主体が現に経済的不利益を被った
ときにそこから支払を受けるという形で不測の事態に備える制度」と定
義している[189]。

---

[187] 江頭（2013）407頁。江頭教授のこの定義内容は、大森（1985）2-3頁の定義とほぼ同様である。
また、近藤編（2014）247頁〔小林登〕も同様の定義をしている。
[188] 当初の拠出を求めない賦課方式である点は、保険者等による立替払を伴う賦課方式のP2P保
険（前述1（2）参照）である「相互宝」や「わりかん保険」も同様である。けれども、「相互宝」
や「わりかん保険」では、相互扶助方式の相互救済制度部分に上乗せとして保険部分があり、し
かも、相互救済制度部分について事故発生時に保険者が立替払を行う点において異なる。
[189] 山下友信ほか（2019）2頁〔洲崎博史〕。

　そこで、洲崎教授が示すこれらの要件をティームブレラに当てはめてみると次のとおりである。すなわち、ティームブレラでは、上述のとおり契約当初の拠出を求めない賦課方式を採用しており、事前に「共同の資金備蓄」を形成することはなく、また、「共同の資金備蓄」から支払を受けることもない[190]。また、「金銭」の拠出が要件とされているが、暗号資産が金銭でないとすると、ティームブレラはこの要件も充足しない。したがって、洲崎教授の立場でも、ティームブレラの仕組みは、そもそも経済的な「保険」に該当しないことになろう。

　山下友信教授は、次の(ア)～(オ)を保険法における「保険」の要件とする[191]。

(ア)一方当事者が金銭（保険料）を拠出すること

(イ)偶然の事実の発生による(ア)の当事者の経済的損失を補填すべく、他方当事者が(ア)の当事者に対して給付（保険給付）を行うこと

(ウ)上記(ア)と(イ)が対立関係に立つこと

(エ)収支相等原則が成立すること

(オ)給付反対給付均等原則が成立すること[192]

　そこで、山下教授が示すこれらの要件をティームブレラに当てはめてみると次のとおりである。すなわち、ティームブレラでは、メンバーは

---

*190　前掲注＊188に同じ。

*191　山下友信（2018）7-12頁。なお、保険業法上の「保険」概念についても、基本的には同様の考え方をする（同書13-14頁）。

*192　山下教授は、給付反対給付均等原則（本文(エ)の要件）について、個々の保険契約単位で成立する原則だと述べながら（山下友信（2018）8頁）、同原則を非常に緩やかに捉えているがため（同書11頁）、要件としての意義をほとんど有していないように思われる。その一方で、給付反対給付均等原則を非常に緩やかに捉えながらも、「危険選択を行わずに保険料ないし掛金も一律という仕組み」については同原則を充足しないとするが（同書11頁）、そのようなリスク移転の仕組みであっても経済的な「保険」に該当することがあり得ると考えられる。吉澤（2017）194-196頁参照。また、山下教授は、こと保険業法における保険概念に関しては、本文(エ)および(オ)の要件について少々緩やかな基準を採用するようである（山下友信（2018）13-14頁）。なお、吉田弁護士（元・金融庁出向者）は、本文(ア)～(ウ)の要件を確認したうえで、本文(エ)および(オ)の要件は、保険業法上の保険の要件とならないとする（吉田（2016）37-38頁）。

暗号資産を事後的に拠出するが、暗号資産が金銭でないとすると、上記(ア)の要件に該当しない。

また、ティームブレラでは、上記(イ)における「他方当事者」に該当する者が存在しないので（あるメンバーに事故が発生した場合には、チームのメンバー全員で補償を分担する）、上記(イ)の要件にも該当しない。

さらに、ティームブレラでは契約当初の拠出を求めない賦課方式を使用しているので、上記(オ)が当てはまらないとも考えられる。そもそも、給付反対給付均等の原則とは、一般に、確定拠出方式を前提としているからである（ただし、給付反対給付均等の原則は、契約当初の拠出を求めない賦課方式を排除していないと考えられないでもない）。

したがって、山下教授の立場では、少なくとも、暗号資産が拠出対象とされている点、および、保険者に相当する者が存在しない点において、ティームブレラの仕組みは、そもそも経済的な「保険」に該当しないことになろう。

（2）私　　見

確固たる保険の定義が存在しないことは諸外国でも同様であるが、米国では保険が機能的に捉えられており[193]、保険の経済的要件はリスク移転、リスク集積、リスク分散であると概ね考えられている。たとえば、保険の経済的要件はリスク移転（risk transfer）とリスク分散（risk distribution）であると言われたり[194]、保険はリスク移転（risk-transfer）、リスク集積（risk-pooling or diversification）、リスク分散（risk-allocation）という３つの異なる機能を持つと言われたりする[195]。また、米国では、

---

[193] 同じ英米法系ではあるが、英国ではこのような機能的なアプローチは一般的ではない。*Ref.,* Birds *et al.* (2015) para. 1-011.

[194] *Ref.,* Jerry and Richmond (2012) pp. 11-14.

[195] *Ref.,* Abraham and Schwarcz (2015) pp. 3-5.
　　なお、ドイツでも同様のようである。*Ref.,* Weyers and Wandt (2003) Rn 97, 98.

判例も同様に述べている[*196]。

筆者も、保険を定義するにあたり、このような機能的アプローチを採用している。すなわち、保険とは、リスク移転、リスク集積、リスク分散の3つの機能を兼ね備える経済制度であると考えている。ここでリスク移転（risk transfer）とは、リスク・ヘッジャーに存在する経済的リスクを、リスク・テイカーに法的に移転することである[*197]。リスク集積（risk pooling）とは、同質で相互独立のリスクを多数集積することである[*198]。リスク分散（risk distribution）とは、法的にはリスク・テイカーにリスク移転を行うものの、リスク・ヘッジャーに課されるリスク移転対価を通じて、実質的には各リスク・ヘッジャーにリスクの分散がなされることによって、個々のリスク・ヘッジャーの不安定なリスクを、他人の多数のリスクの極小部分の集合という安定的なリスクへと変換することである[*199]。

筆者のように経済的な保険を捉えるとすると、相互救済制度は、たとえ保険者に相当する者が存在しなくても、一定数以上の構成員が集まれば（すなわち、リスク集積の効果が現れるようなリスク数が集積すれば）、経済的な保険に該当することになる（なお、リスク・テイカーは、必ずしもリスクの引受を専門とする保険者が存在することは要件ではなく、ある集団内部でリスクが分散される場合には、当該集団の構成員全員がリスク・テイカーになると考えられる）[*200]。ティームブレラは、まさに相互救済制度方式を採用しており、一定数以上のメンバーが集まることが前提とさ

＊196　租税判例であるが、生命保険契約の中核を成すのは、リスク移転（risk shifting）とリスク分散（risk distributing）であると判示されている。*Helvering v. LeGierse*, 312 U.S. 531, 539, 61 S.Ct. 646, 649, 85 L.Ed. 996 (1941).

＊197　吉澤（2006）6頁参照。

＊198　吉澤（2006）34頁参照。

＊199　吉澤（2006）50頁参照。

＊200　吉澤（2006）97-105頁参照。

れているので、経済的な保険に該当すると考えられる。なお、ティーム
ブレラでは、拠出は金銭ではなくて暗号資産を用いているが、金銭の拠
出は保険の経済的な要件ではなく、現物の拠出であっても保険該当性が
損なわれることはないと考えられる[201]。また、ティームブレラでは、
確定拠出方式ではなくて賦課方式を採用しているが、賦課方式であって
も保険該当性が損なわれることはないと考えられる[202]。以上からする
と、私見では、ティームブレラは経済的な保険に該当することになる。

5．保険法における「保険」該当性

（1）保険法の適用可否

　あるリスク移転契約が経済的な「保険」を構成する一部分として行わ
れた場合（保険法1条）、次に、当該リスク移転契約が保険法上の「保険
契約」に該当するか否かが問題となる。筆者の立場では、ティームブレ
ラは経済的な「保険」に該当するので、保険法の適否を検討する必要が
ある（一方、江頭教授、洲崎教授、山下教授の立場ではそもそも経済的な
「保険」に該当しないので、保険法は適用されないことになろう。なお、類
推適用はあり得るかもしれないが、類推適用を認めるのか、それとも、類推
適用すら否定するのか不明である）。

　保険法では、同法における「保険契約」は次のように定義されている。
すなわち、「(カ)当事者の一方が一定の事由が生じたことを条件として財
産上の給付を行うことを約し、(キ)相手方がこれに対して当該一定事由の
発生の可能性に応じたものとして保険料を支払うことを約する契約」で
ある（保険法2条1号。なお、カタカナは筆者が付した）。

　そこで、保険法が規定する「保険契約」の定義をティームブレラに当

---

[201]　吉澤（2006）52頁参照。
[202]　吉澤（2006）52-53頁参照。

てはめてみると次のとおりである。すなわち、ティームブレラでは、上記㋑における「当事者の一方」に該当する者が存在しないので（相互救済制度であるので、あるメンバーに事故が発生した場合には、チームのメンバー全員が分担負担する）、上記㋑の要件に該当しないと思われる。この点は、保険法が、「保険者」について、「保険契約の当事者のうち、保険給付を行う義務を負う者をいう。」という定義規定（保険法2条2号）を置いていることからも明らかである。保険法は、保険者の存在しない相互救済制度を念頭に置いていないのである。

　また、ティームブレラでは、メンバーは暗号資産を事後的に拠出するが、暗号資産が金銭でないとすると、上記㋕の要件に該当しないことになる（保険法における「保険料」とは金銭を指すものと思われる）[203]。

　さらに、そもそも賦課方式は「一定事由の発生の可能性に応じたものとして」行われるのではなくて、事故によってあるメンバーに実際に発生した損害について他のメンバーが分担負担するものであるから（つまり、「可能性」に応じたものではなく、現実に発生した損害に対する給付に応じたものである）、やはり上記㋕の要件に該当しないと考えられる。ただし、この点に関しては、事後精算は一定の事由の発生に応じて算出さ

---

*203　債権の目的物が「金銭」であるときは、「通貨」で弁済するものとされている（民法402条1項）。そして、通貨とは、貨幣（硬貨）および日本銀行券（紙幣。日本銀行法46条1項に基づき日本銀行が発行する銀行券）のことである（「通貨の単位及び貨幣の発行等に関する法律」2条3項）。そして、暗号資産（仮想通貨）は、「通貨」には該当しない（2014年3月7日付け政府答弁書「参議院議員大久保勉君提出ビットコインに関する質問に対する答弁書」）。

　ただし、暗号資産（仮想通貨）を対価として債務の弁済に使用することを一律に禁止する法律は存在していないが（上述答弁書）、その後に立法された改正資金決済法では、「仮想通貨」は代価弁済のために不特定の者に対して使用することができるもののうちの一定のものと定義され（同法2条5項）、やはり「通貨」や「金銭」とは峻別されている（湯山ほか（2016）69頁、本多（2016）39頁参照）。

　したがって、保険法が規定する「保険料」は、保険者によるリスク引受の対価として保険契約者が支払う金銭を意味するものであって、暗号資産は金銭ではないから（久保田（2018）161-162頁〔片岡義広〕参照）、暗号資産による拠出は保険法上の「保険料」の支払には該当しないと思われる。

　なお、暗号資産（仮想通貨）概念に関してはHe（2016）、FATF（2015）も参照。

れるものであるから、「一定の事由の発生の可能性に応じたもの」に包摂されるとの解釈もあり得ないではないかもしれない。

したがって、ティームブレラの仕組みは、少なくとも、保険者に相当する者が存在しない点、および、金銭ではなくて暗号資産を拠出する点において、保険法における「保険契約」には該当しないことになる。以上のとおり、筆者の立場では、ティームブレラは経済的な「保険」に該当するものの、保険法における「保険契約」には該当しないため、保険法は適用されないことになる。

（2）保険法の類推適用

こうして、P2P保険の中には保険法が適用されないものが存在することが明らかになった。保険法が適用されないP2P保険に関しては、保険法の類推適用の可否を検討することになる。保険法が実際に類推適用されるか否かは、最終的には具体的なP2P保険の仕組みや契約内容、具体的な法的紛争の内容、問題となる保険法の規律内容次第であるが、総じて言えることは次のとおりである。

第1に、上述のとおり、保険法は、保険者の存在しない相互救済制度を想定していない。したがって、保険者の存在を前提とする規律の中には、そのような相互救済制度にそのまま類推適用されることはないと考えられるものがある。たとえば、契約締結時の書面交付義務が保険者に課されているが（保険法6条、40条、69条）、P2P保険である相互救済制度に代表者のような者が存在しない限り[204]、書面交付義務を負う者を想定しにくい（なお、相互救済制度の運営を委託されるプラットフォー

---

[204] たとえば、Frich社が実証実験として提供するシステムでは、相互救済制度のような「共済グループ」を形成し、各「共済グループ」には「共済オーナー」が設置されるようである。*Ref.*, https://www.kantei.go.jp/jp/singi/keizaisaisei/project/gaiyou14.pdf. このような場合には、たとえ「共済オーナー」に契約締結時の書面交付義務に関する規律が適用されなくても、類推適用を検討する余地があろう。

マーは保険者ではないので、書面交付義務の主体とは考えにくい）。

他方、保険法の規律によっては、類推適用されるものもあると考えられる。たとえば、告知義務・危険減少・危険増加に関する規律（保険法4条・37条・66条、11条・48条・77条、29条1項1号・56条1項1号・85条1項1号）や保険契約者による任意解除に関する規律（保険法27条・54条・83条）については、告知や通知の相手方は保険者ではなくて保険契約者相互間ではあるものの、類推適用される余地があるかもしれない。

第2に、保険法の一部の規定について類推適用の余地がある場合であっても、片面的強行規定性を保持したまま類推適用すべきかどうかは慎重な検討を要するように思われる。なぜなら、もし保険者に相当する主体が存在せず、かつ、当該相互救済制度の規律（給付条件、給付内容等々を含む）が各集団に所属する保険契約者の総意で決定されたり変更されたりするのであれば（ちなみに、ティームブレラではそのような仕組みが採用されている）、片面的強行規定性を持たせる必要性がない、あるいは、その必要性が非常に乏しいからである。

6. 保険業法における「保険」該当性

（1）「保険業」該当性

あるリスク移転契約が経済的な「保険」を構成する一部分として行われた場合（保険業法1条、2条1項柱書）、次に、当該リスク移転契約を取り扱う事業が保険業法の規制対象となるか否かが問題となる。筆者の立場では、ティームブレラは経済的な「保険」に該当するので、保険業法の適否を検討する必要がある（一方、江頭教授、洲崎教授、山下教授の立場ではそもそも経済的な「保険」に該当しないので（前述4（1）参照）、保険業法は適用されないことになろう[205]）。金融庁では2015年12月に「FinTechサポートデスク」を設置して、フィンテック事業者からの相

談・情報交換ができる体制を整えているが、保険分野に関しても P2P 保険の法令解釈に関する照会がなされているとのことである[*206]。

そこで、ティームブレラが経済的な「保険」であるとして、ティームブレラに保険業法が適用されるか否かを検討すると以下のとおりである。

まず第1に、保険業法は「保険業」を規律対象としているが（同法1条）、「保険業」とは「保険の引受けを行う事業」のうちの一定のもののことであり（同法2条1項柱書）、上述のとおり「保険業」を行うには免許または登録が必要であり、免許を受けた者または登録を受けた者が「保険会社」や「外国保険会社等」や「少額短期保険業者」となる（同法2条2項、9項、18項）。このような規制構造からすると、保険業法は、リスクの引受を事業として行う者の存在を前提としていると考えられる。そうであるとすると、ティームブレラでは、リスクの引受を事業とする者が存在しないので（あるメンバーに事故が発生した場合には、チームのメンバー全員で分担負担する）、保険業法の適用を受けないものと思われる。保険業法は、保険者の存在しない相互救済制度を念頭に置いていないのである。

第2に、保険業法は、経済的な保険の引受のうち、一定のもの（制度共済、少人数共済[*207]等）を規律対象から除外している（同法2条1項1号～3号）。そして、これらの適用除外に該当しない保険のうち、保険業法3条4項各号または5項各号に掲げるものを引き受ける事業を規律

---

*205　安居氏（元・金融庁）も、保険の経済的な機能について、「一定の偶然の事故に起因する経済上の不安定の除去や軽減を目的として、当該事故のリスクの集積と分散を図る共同備蓄の仕組みである」とする（安居（2010）18頁）。ティームブレラでは共同備蓄を形成しないので、安居氏の立場でも保険に該当しないであろう。また、保険業法の規制対象の外延に関して、「一般に『保険』と考えられるもの、すなわち、…などを約し保険料を収受する保険は、とりあえず、保険業法の対象となる『保険』に該当すると解すべき」だとするが（同書19-20頁）、ティームブレラでは保険料の収受を行わないので、安居氏の立場では、やはり保険業法上の保険には該当しないことになろう。

*206　井上（2018）11-12頁参照。

対象としている。換言すると、両項各号のいずれにも該当しない保険に関しては、保険業法が適用されないことになる[*208]。

　保険業法3条4項は生命保険業免許の対象契約として、同項1号は保険業法における生命保険契約を、同項2号は第三分野の保険契約を、同項3号は生命保険契約および第三分野の保険契約の再保険である損害保険契約（同法3条5項1号）を規定している。同様に、保険業法3条5項は損害保険業免許の対象契約として、同項1号は損害保険契約を、同項2号は第三分野の保険契約を、同項3号は生命保険契約（同法3条4項1号）のうち海外旅行期間中の死亡や疾病死亡に関するものを規定している。そして、保険業法3条4項1号、同項2号、3条5項1号は、当該保険契約について、いずれも「…を約し、保険料を収受する保険」と規定する（なお、「…」の部分では、保険給付を表す文言が規定されている）。また、他の規定（保険業法3条4項3号、3条5項2号、同項3号）はそれらの保険契約の定義を引用するから、結局のところ、「保険業」に該当する保険契約は、全て、「…を約し、保険料を収受する保険」であることになる。

　そこで、保険業法が規定する「保険業」の定義をティームブレラに当てはめてみると次のとおりである。すなわち、ティームブレラでは、メ

[*207]　P2P保険のうち小規模なものは、少人数共済として保険業法の適用除外となる可能性がある（同法2条1項3号、同法施行令1条の4第1項）。
　　　ただし、保険者の存在しない賦課方式（相互救済制度型）のP2P保険（前述1（3）参照）の場合、少人数共済としての要件である人数基準（1,000人）の算定方法が判然としない（「イノベーションと法」勉強会（2017）18頁参照）。すなわち、あるプラットフォーマーが複数の相互救済制度型のP2P保険を運営する場合には、それぞれの相互救済制度単位で計算するのか（すなわち、それぞれの相互救済制度の所属保険契約者数が1,000人以下であればよいのか）、それとも、プラットフォーマー単位で計算するのか（すなわち、あるプラットフォーマーが管理を受託している全ての相互救済制度に所属する保険契約者数が1,000人以下である必要があるのか）、判然としない。そもそも、保険業法は保険者の存在しない相互救済制度を念頭に置いていないので、判然としないのは当然であるとも言える。

[*208]　東京海上火災保険（1997）13頁〔山下友信〕、細田（2018）8頁参照。一方、吉田（2016）41-43頁は、保険業法が適用されるとする。

ンバーは暗号資産を事後的に拠出するが、暗号資産が金銭でないとすると、「保険料を収受する」という、「保険業」としての規制対象要件に該当しないことになる。なぜなら、保険業法における「保険料」とは金銭を指すものと思われるからである[209]。また、保険業法は保険料の確定拠出方式を前提としているようにも思われるが、ティームブレラでは契約当初の拠出を求めない賦課方式を採用している。ただし、保険業法は、その規制対象として、契約当初の拠出を伴わない賦課方式を特に排除していないと解釈することも可能である。

　以上のとおり、筆者の立場では、少なくとも、保険者の存在しない賦課方式（相互救済制度型）の P2P 保険（たとえば、ティームブレラ）は、経済的な「保険」に該当するものの、保険者に相当する者が存在せず、保険業法における「保険業」には該当しないため、保険業法は原則として適用されないことになる。また、少なくとも完全な現物拠出制を採用する場合（たとえば、金銭拠出ではなく、暗号資産の拠出制を採用するティームブレラ）も、やはり経済的な「保険」に該当するものの、保険業法における「保険業」には該当しないため、保険業法は原則として適用されないことになる。なお、契約当初の拠出を求めない賦課方式を採用する場合（たとえば、ティームブレラ）は、やはり経済的な「保険」に該当するが、保険業法における「保険業」に該当するかもしれないし、該当しないかもしれない（なお、後述（3）も参照）。

（2）「保険業」概念の拡大解釈

　たとえ、ある P2P 保険が保険業法上の「保険業」概念に適合しない

---

[209] 資金決済法では、暗号資産（仮想通貨）は通貨や金銭とは異なるものとして定義されている（同法2条5項）。したがって、暗号資産（仮想通貨）の貸出（消費貸借）がなされても、銀行法10条1項2号の「資金の貸付」や貸金業法2条1項の「金銭の貸付」には該当しないと考えられている（本多（2016）39頁参照。なお、暗号資産取引の貸金業法適用可能性に関するさらに細かい検討として久保田（2018）181-182頁〔堀天子〕参照）。

としても、保険業法では類似保険の取締りも法の目的とされるから、「保険業」概念を広めに解釈する余地がある。そこで、ティームブレラのような保険者の存在しない賦課方式（相互救済制度型）のP2P保険であって、金銭以外のものを拠出する仕組みが保険業法の適用対象となるか否かを検討する。

　上述のとおり、相互救済制度型のP2P保険の一つであるティームブレラが保険業法上の「保険業」に該当しない（可能性がある）と考えられるのは次の3つの理由による。

　第1は、保険業法における「保険業」としては保険者となる者が事業主体となることを想定しているが、ティームブレラは保険者に相当する者が存在しない相互救済制度であることである。この点は、保険業法が規制対象とする事業に関する根幹部分であるが、保険業法では免許制（少額短期保険業については登録制）が採用されており（保険業法3条1項、185条1項、272条1項）、この免許制（少額短期保険業については登録制）に反した場合には刑事罰が用意されていることからすると（同法315条1号）[210]、安易な拡大解釈は許されないであろう。もし規制対象とするのであれば、保険業法において、保険者が存在しない相互救済制度にも同法が適用されることを明記すべきだと考えられる。

　第2は、保険業法における「保険業」は、「保険料を収受する保険」の引受を前提としているが、ティームブレラでは金銭を収受しないことである。金銭以外のものを拠出する仕組み（すなわち、現物拠出制）に関しては、類似保険として保険業法を適用すべきであるとの考え方もあり得るかもしれない。しかしながら、わざわざ保険業法が「保険料」と明記していること、現物拠出制も規制対象に含めることは比較的簡単であるにもかかわらず（たとえば、「保険料」に替えて、「保険料またはそれ

---

*210　吉田（2016）43頁注15、細田（2018）11-12頁参照。

に相当するもの」と規定すれば済む）、そのように立法していないということ（しかも、保険契約法とは異なり、保険業法の改正は頻繁に行われているので、法改正の機会は現実にいくらでもある）、免許制（少額短期保険業に関しては登録制）違反に対して刑事罰が用意されていることからすると、現物拠出制への保険業法の適用を否定すべきだと言えよう。もし規制対象とするのであれば、保険業法において、現物拠出制にも同法が適用されることを明記すべきだと考えられる。

第3は、保険業法における「保険業」としては、基本的には保険料の確定拠出方式で行う事業を想定している。換言すると、保険業法は、契約当初の拠出を伴わない賦課方式を想定していないと思われるが、ティームブレラは契約当初の拠出を伴わない賦課方式であることである。

契約当初の拠出を伴わない賦課方式は、前述のとおり、保険業法上の保険業には該当しないとも考えられる一方、保険業に該当し得ると解することも不可能ではない。ただし、後者の場合には、従来の保険業法の規制対象に関する一般的な理解と一致していない可能性がある（次述（3）参照）。

保険料の拠出方式は保険業法が規制対象とする保険業の事業方法に関する根幹部分であること、そして、免許制（少額短期保険業に関しては登録制）違反に対して刑事罰が用意されていることからすると、契約当初の拠出を求めない賦課方式にも保険業法の適用を肯定するのであれば、保険業法においてその旨を明記すべきであろう（少なくとも、監督当局においてその旨の法令解釈を明示すべきであろう）。

以上のとおり、保険者の存在しない賦課方式（相互救済制度型）のP2P保険の一つであるティームブレラがもし日本で実施された場合には、少なくとも、保険者に相当する者が存在しない点、および、金銭ではなくて暗号資産を拠出する点において、現行保険業法の規制対象とはならないと考えられる。したがって、P2P保険の中には、現行保険業法の適

用を受けないものもあり得ると考えられる。

（3）最近の動向

　このように、P2P保険の仕組み次第では、現行保険業法の適用を受けないものや、現行保険業法の適否が判然としないものも存在することになる[211]。

　保険業法の適用を受けないことが明確であれば、保険業としての保護は受けないし、また、「保険」であることを公言して事業を行うことはできないものの、同法の規制を受けずに事業を行うことができる。

　一方、保険業法の適否が判然としない場合には、事業者としては事業の実施を躊躇することになる。同法の適用があると考えて免許申請しても当局が申請書類を受理しない可能性があり、免許を受けずに事業を開始した場合には同法違反で摘発されてしまう惧れがあるからである。規制当局としては、保険業法の適用方針を明らかにすべきであろうし、事業者としては、当局に事前相談したり、「法令適用事前確認手続（ノーアクションレター制度）」や「一般的な法令解釈に係る書面照会手続」[212]を利用したり、規制のサンドボックスを利用したりすることになろう。なお、「規制のサンドボックス」とは、「新たな技術の実用化や、…新たなビジネスモデルの実施が、現行規制との関係で困難である場合に、新しい技術やビジネスモデルの社会実装に向け、事業者の申請に基づき、

---

[211]　日本においても、株式会社BrainCat（2016年設立）が「Gojo」というサービス名称で、相互扶助のプラットフォームを提供していた。詳細は不明であるが、このサービスを用いて組織された団体は、保険者の存在しない賦課方式（相互救済制度型）のP2P保険に該当する可能性があるかもしれないものであった。*Ref.*, https://gojo.life, last visited on Nov 18, 2018（なお、当時のウェブサイト掲載内容は現在は閲覧不能である）。

　なお、2019年1月から株式会社CAMPFIREが「Gojo」を提供しているが、従前のものとは異なるようである。*Ref.*, https://www.braincat.live/news/681; https://prtimes.jp/main/html/rd/p/000000154.000019299.html.

[212]　*Ref.*, https://www.fsa.go.jp/common/noact/index.html.

規制官庁の認定を受けた実証を行い、実証により得られた情報やデータを用いて規制の見直しに繋げていく制度」のことである（生産性向上特別措置法（平成30年6月6日施行）に基づく新技術等実証制度）[213]。

　たとえば、justInCase社（日本）は[214]、2019年7月5日に規制のサンドボックスとしての認定を受けた。この認定に基づき、2020年1月に保険商品（「わりかん保険」）の販売を開始し、1年間の実証実験を開始している（前述1（2）(b)参照）。この実証実験では、契約当初の拠出を求めない賦課方式を採用しており、この点がまさに規制のサンドボックスの対象となった由縁である。ただし、保険者が存在しており、しかも、相互救済制度部分について、事故発生時には一旦は保険者が給付を行い、そのうえで契約者に賦課するものであり、さらに、契約者の拠出額には上限が設定されており、上限額を超える部分は保険者が負担する方式を採用している（したがって、ファースト・レイヤーは賦課方式の相互救済制度であり、セカンド・レイヤーは保険である）。

　そして、生産性向上特別措置法2条2項2号に規定する規制（「新技術等」の実用化にあたって分析対象となる当該「新技術等」に関する規制）として、保険業法272条の4第1項（少額短期保険業者の登録拒否事由）の5号全体および6号が挙げられているだけで[215]、新たな規制の特例措置の適用（生産性向上特別措置法9条）は予定されていない。したがって、日本の監督当局としては、justInCase社が採用する賦課方式に基づくP2P保険は、保険業法における保険業に該当すると整理したものと

[213]　*Ref.*, https://www.kantei.go.jp/jp/singi/keizaisaisei/regulatorysandbox.html; https://www.fsa.go.jp/policy/sandbox/index.html.

[214]　なお、justInCase社が従前にP2P保険として発売した「スマホ保険」は、詳細は不明であるが保険業法の問題があるため、同法の適用除外規定を用いたようである。*Ref.*, https://jp.techcrunch.com/2018/02/07/justincase-fundrasing. この「スマホ保険」は短期間で販売が終了したが、また、保険業法適用事業として行われたものではなかったものの、日本初のP2P保険であったかと思われる。

[215]　*Ref.*, https://www.fsa.go.jp/news/30/20190705/01.pdf.

も考えられる。なぜなら、第1に、justInCase 社が採用する賦課方式に基づく P2P 保険が保険業法上の保険業に該当しないとすると、そもそも同法の規制対象外であるので、規制のサンドボックスとして取り扱う必要がないと考えられるからである。第2に、新たな規制の特例措置が予定されていないので、現行保険業法の条文規定を特に変更することなく、当該 P2P 保険が同法の規制対象になると整理されたとも考えられるからである。第3に、少額短期保険業としての登録拒否事由の適否が検討されているのは、保険業法上の保険業に該当することを前提としていると考えられるからである（そもそも保険業に該当しないのであれば免許・登録の対象とはならないので、免許・登録拒否事由検討の俎上にも載らないはずである）。

　以上の理解が正しいとすると、保険者等による立替払を伴う賦課方式の P2P 保険（前述1（2）参照）であって、保険者の負担部分があるもの（すなわち、相互救済制度と保険の組み合わせ）については（〔表1〕のⅣ類型）、日本の監督当局としては保険業法上の保険に該当すると捉えていることになる。ただし、保険者によるリスク負担がある場合に限定されるのか（justInCase 社の賦課方式の P2P 保険では、保険契約者の負担額に上限があり、当該上限を上回る保険給付がなされた場合には保険者の負担となる。〔表Ⅰ〕のⅣ類型）、それとも、保険者によるリスク負担がない場合（〔表1〕のⅦ類型やⅧ類型）にも保険業法上の「保険」と扱われるのかは不明である（相互救済制度のみの P2P 保険では（〔表1〕のⅦ類型、Ⅷ類型）、保険業法が前提とする経済的な「保険」に該当しないとするのが従来の通説である。前述4（1）参照。なお、〔表1〕のⅧ類型では、保険者に相当する者が保険引受リスクを引き受けていないので、その者は保険者に該当しない可能性があることについて前述2（1）参照）。

　ちなみに、同社の賦課方式の P2P 保険の仕組みは中国の「相互宝」（前述1（2）(a)参照）と同様であるが、中国の監督当局は「相互宝」を

保険とは扱っていないようである（そのため、監督当局の指導を受けて、
「相互保」から「相互宝」に商品名称が変更された）[216]。

7. 小　括

　本章では、P2P保険の概要等を示したうえで、保険法および保険業法
の適用可能性を検討した。要約すると以下のとおりである。

　海外では既に様々なP2P保険が実施されているが、それらは、確定
拠出方式のP2P保険、保険者等による立替払を伴う賦課方式のP2P保
険、保険者の存在しない賦課方式（相互救済制度型）のP2P保険の3つ
に大別できる。確定拠出方式のP2P保険は、保険料前払方式を採用し
つつ、相互扶助方式の保険料プールを免責金額部分（あるいは、ファー
スト・レイヤー）として組み込んだものである。保険者等による立替払
を伴う賦課方式のP2P保険とは、事故発生時に、相互救済制度部分に
ついて、保険者が一旦は給付請求をした契約者に立替払を行い、そのう
えで立替額を契約者集団に賦課するものである。保険者の存在しない賦
課方式（相互救済制度型）のP2P保険とは、プラットフォーマー（プラッ
トフォーム提供者）が、相互救済制度の運営をしたり、相互救済制度の
運営を支援したりする賦課方式のものである（以上、前述1）。

　このようなP2P保険は、理論的には8類型に分類することができるが、
いずれも、相互扶助方式の保険料プールや相互救済制度を積極的に取り
入れている点に大きな特徴がある。そこで、P2P保険を定義してみると、

---

[216]　片山（2018b）5-6頁参照。当局の指導により、保険を連想させる「保」という文字を使用で
　　きなくなったとのことである。なお、「相互保」も「相互宝」も、発音はいずれも「シャンフバオ」
　　である。
　　　なお、「相互保」も「相互宝」も保険者が保険金の立替払を行うが、「相互保」においては契約
　　者の拠出額に上限はなく、保険者によるリスク負担部分はなかった（〔表1〕のⅧ類型）。現在の
　　「相互宝」では、保険者によるリスク負担部分がある（〔表1〕のⅣ類型）。

「P2P 保険とは、団体構成員間の相互扶助制度、または、団体構成員間の相互扶助制度を組み込んだ保険（類似）制度であって、新しい情報通信技術を活用しているものである。」と言えよう（あるいは、この定義における「相互扶助」の部分を「リスク・シェアの仕組み」と言い換えることもできる）（以上、前述 2）。

　次に、P2P 保険がやがて日本市場で広く販売される可能性があるので、日本の保険市場における P2P 保険の意義、P2P 保険の普及阻害要因、P2P 保険が日本の保険業界に与える影響について分析・検討を行った（以上、前述 3）。

　こうした P2P 保険の概要・意義等を踏まえたうえで、P2P 保険の「保険」該当性について検討を行った。検討にあたっては、典型的な保険商品からは最も遠いと思われる、保険者の存在しない賦課方式（相互救済制度型）の P2P 保険に焦点を絞った（具体的には、その典型例であるティームブレラを取り上げた）。

　始めに、ティームブレラが経済的な保険に該当するか否かを検討した。保険法においても保険業法においても、規律対象となるリスク移転の仕組みが経済的な保険に該当することが前提とされているからである。検討の結果、日本の主要学説の立場ではティームブレラは経済的な保険に該当せず、一方、筆者の立場では経済的な保険に該当することが判明した（したがって、日本の主要学説の立場では、ティームブレラには、保険法も保険業法も適用されないことになるかと思われる）（以上、前述 4）。

　次に、筆者の立場では、ティームブレラは経済的な保険に該当するので、保険法や保険業法の適用可能性を検討することになる。まず、保険法の適用有無を判断するため、保険法の適用対象である「保険契約」（同法 2 条 1 号）に該当するか否かを検討した。その結果、ティームブレラは保険法の「保険契約」に該当しないため、少なくとも保険法が適用されることはないことが明らかとなった（ただし、類推適用の可能性はあ

る）（以上、前述 5）。

　引き続いて、ティームブレラが保険業法の規制対象となるか否かを検
討した。その結果、ティームブレラは保険業法における「保険業」（同
法 2 条 1 項）に該当しないため（たとえ、拡大解釈をしても適用されない
と考えられる）、保険業法は適用されないと思われることが明らかと
なった（以上、前述 6）。

　以上のとおり、少なくとも特定の P2P 保険（たとえば、ティームブレ
ラ）に関しては、現行の保険法や保険業法が適用されず両法がうまく機
能しないという問題がある。

第3章

損害保険における損害てん補原則の再検討
―インデックス保険の「保険」該当性―

　保険法においては、損害保険契約は、「保険契約のうち、保険者が一定の偶然の事故によって生ずることのある損害をてん補することを約するもの」と定義されている（保険法2条6号）。一方、生命保険契約は、「保険契約のうち、保険者が人の生存又は死亡に関し一定の保険給付を行うことを約するもの（傷害疾病定額保険契約に該当するものを除く。）」と定義されており（保険法2条8号）、傷害疾病定額保険契約は、「保険契約のうち、保険者が人の傷害疾病に基づき一定の保険給付を行うことを約するもの」と定義されている（保険法2条9号）。

　これらの定義規定からすると、損害保険契約は損害てん補型の保険給付方式であり、生命保険契約および傷害疾病定額保険契約は定額給付型の保険給付方式であるので、一見すると、保険給付方式は損害てん補給付と定額給付で二分されるようである。けれども、損害てん補給付と定額給付が背反する概念であるか否かは自明ではない（また、保険法18条1項は、損害保険契約によりてん補すべき損害の額のことを「てん補損害額」と定義しているが、必ずしも定額給付を否定しているものではないとも考えられる）。もし、両給付方式が背反する概念ではないとすると、定額給付でありながら、損害てん補給付であることがあり得ることになる*217。

　実際に、日本においても、定額給付型の損害保険商品は従来から存在

---

*217　従前においては、物や財産に関する保険契約では定額保険とすることはできない、というのが通説であるとされていた（そうした事情につき山下友信（1999）260頁参照）。けれども、従前においても、物保険契約について定額給付を認める考え方もあった。たとえば、大森（1969）87-89頁がそうである。なお、損害保険契約における損害てん補原則について中出（2016）参照。

していた（すなわち、監督当局として、そのような保険商品を認可してきている）。海外においても、特に近時は農業分野のインデックス保険として発展してきており、また、最近はインシュアテック商品の一種として次々と定額給付型の損害保険商品が登場しつつある[218]。

そこで、本章では、日本において、定額給付型の損害保険契約が法的に認められるのか、認められるとすると法的にどこまでのものが認められるのか、そして、それは何故なのかを検討することにした[219]。まずは、定額給付型の損害保険商品を利得禁止原則の観点から2つに分類したうえで（次述1）、それぞれの類型に該当する損害保険商品について、定額給付が認められている理由を分析する（後述2）。この分析結果に基づいて、定額給付型の損害保険契約が認められる要件を検討し（後述3）、最後に本章を総括する（後述4）。

1．定額給付型損害保険商品の分類

定額給付を行う損害保険商品が内外に存在するが（ただし、日本では、中心的な保険給付において定額給付を行う損害保険商品は従来、存在しな

---

[218]　農業分野のインデックス保険（後述本章2（2）②(a)参照）が盛んなインドおよび南アフリカにおける損害てん補原則の運用について Clyde & Co (2018) p. 19 参照。

　　英国においては、インデックス保険を実施するフラッドフラッシュ（FloodFlash. 後述本章2（1）②(a)参照）が規制のサンドボックスとして認定されている。*Ref.,* https://www.fca.org.uk/firms/regulatory-sandbox/cohort-2.

　　シンガポール政府も、自然災害に関するインデックス保険には前向きのようである。*Ref.,* Pratt (2017).

[219]　保険契約法や保険監督法は法域によって異なるので、定額給付型の損害保険商品が容認されるか否かも法域によって異なる。本書はあくまでも日本法について検討を行うものである。

　　なお、インデックス保険が「保険」として取り扱われるか否かに関しては、世界各国において区々である。*Ref.,* IAIS (2018a) p. 13-16, 28-29. ちなみに、英国においてインデックス保険の保険該当性が法的に初めて検討されたのは Law Commission and Scottish Law Commission (2016) のようである。そして、そこでは、損害保険契約に関しては、被保険利益が存在すること、および、保険事故によって被保険者に何らかの損害が発生していることが必要であるとされている。

かった[220]）、こうした保険商品が損害保険契約に該当するか否かを検討するにあたっては、そもそも損害保険契約の保険給付において、いかなる要件の具備がどの程度に求められるかを、まずは明らかにする必要がある。そこで損害保険契約の保険給付要件を整理すると、次の4要件を具備する必要があると考えられる。

　　要件A：被保険者に被保険利益が存在すること。

　　要件B：要件Aの被保険利益について「保険事故」が発生すること。

　　要件C：要件Bの「保険事故」によって被保険者に損害が発生すること。

　　要件D：要件Cの損害に対して、損害額を超えない保険給付がなされること。

　要件Aは一般に被保険利益要件と考えられているものであり（保険法3条）、要件Bは損害保険契約の担保危険事故である「保険事故」（保険法5条1項に定義規定あり。なお、保険法2条5号も参照）の発生を意味している。そして、今日の日本の通説は損害保険契約に強行的な利得禁止原則が適用されると考えているが[221]（保険法に明文規定はないが、保険法全体の趣旨から利得禁止原則が認められるとされている[222]）、要件Cおよび要件Dは、概ねその利得禁止原則に相当するものである[223]。なお、要件Dの損害額に関して、その算定方法が保険法18条1項で規定されているが、同項は任意規定である[224]。

---

[220]　肥塚教授は、こうした保険商品の法的性質を、無名保険契約としての「準損害保険契約」と言うべきものとする。肥塚（2018）56頁参照。けれども、仮にそうした捉え方が正しいとしても、その「準損害保険契約」には、やはり被保険利益や利得禁止原則の適用が求められるかと思われる。

[221]　損害保険契約に強行的な利得禁止原則が適用されることについて異論もある。土岐（2003）226-231頁で諸説が整理されている。なお、土岐（2003、2004）は、公序則とは別に強行的な利得禁止原則の適用を求めることを否定する。

[222]　山下友信ほか（2019）85頁〔山下友信〕参照。

[223]　洲崎（1991）および山下友信（2005a）391-393頁にいう「狭義の利得禁止原則」にあたると思われる。

[224]　萩本（2009）123頁参照。

　ところで、利得禁止原則の目的は、賭博保険の防止（賭博禁止）とモラル・ハザード（狭義）の防止であると説明されてきた[*225]。そうであるとすると、モラル・ハザードが一定程度に抑止され、かつ、賭博保険を排除できるのであれば、厳格な利得禁止原則を適用せずに、緩やかな利得禁止原則を適用することも可能であることになるはずである。たとえば、山下友信教授も、「利得禁止原則の存在理由にかかわるのであって、賭博になるから利得が生じる保険は許されないということを理由として挙げる場合には、利得が少しでも生じることと賭博とは必ずしも同義であるとはいえないから、賭博性が肯定されない限り利得禁止原則は柔軟に適用してよいということになるであろう。また、モラル・ハザードの防止や倫理観への抵触を理由として挙げる場合にも、それらは相対的な概念であるから、モラル・ハザードを防止する他の手段が備わっていたり、一般人の倫理観に必ずしも反しないというのであれば、利得を一概に排除するまでもないということがいえるのである。」と述べている[*226]。

　そこで、定額給付型の損害保険契約が認められるか否かを検討するにあたっては、緩やかな利得禁止原則が適用され得る場合を勘案すべく、利得禁止原則を構成する要件Ｃおよび要件Ｄのそれぞれについて、さらに、厳格な利得禁止原則と緩やかな利得禁止原則の二つに分けて分析する必要があると考えられる[*227]（なお、緩やかな利得禁止原則はもはや

[*225]　たとえば、龍田（1996）9頁、山下友信（2005b）242頁参照。また、そのような考え方が一般的であることが洲崎（1991（2完））29頁、同（1998）235-236頁、山下友信（2018）307頁、77頁で紹介されている。

　　　ただし、田辺（1962）173頁は、「『塡補原則』の例外は、厳密な『塡補原則』と迅速な保険保護の付与という二つの要請の調和点として把握されるべきもの」だと述べる。定額給付型の損害保険契約については、賭博禁止とモラル・ハザード防止以外にも、かような視点での検討も場合によっては必要かもしれない。

[*226]　山下友信ほか（2019）87頁〔山下友信〕参照。さらには、山下教授は、「利得禁止原則の適用のない保険」の存在まで認めているようでもある。山下友信（2018）31頁参照。

利得禁止原則ではない、との考え方もあり得よう。けれども、本稿はそうした立場を採らない。損害保険契約を画する強行的な原則として、やはり利得禁止原則は維持されるべきだと考えられるからである）。

すなわち、要件 C（「保険事故」によって被保険者に損害が発生することという要件）における損害発生に関しては、次の二つに分類できる。

要件 C1：現実の損害発生を要件とするもの[228]。

要件 C2：現実の損害発生を要件とせず、上記 B の充足をもって、被保険利益に損害が発生したとみなすもの（以下、損害のみなし発生という）。

また、要件 D（発生した損害に対して、損害額を超えない保険給付がなされることという要件）における損害額に関しては、次の二つに分類できる。

要件 D1：具体的に損害額を算定するもの[229]。

要件 D2：具体的な損害額の算定をせずに、上記 C（C1 または C2）

---

[227]　ただし、一般に、損害保険契約における利得禁止原則は、現実の損害額を超えて保険金が支払われてはならないことを求めるものと考えられているので（たとえば、洲崎（1998）235-236頁で紹介されている）、そのような立場では、要件 C2 や要件 D2 を容認しないことになるかもしれない。

[228]　たとえば、山下友信（2005b）244 頁は、「保険と保険デリバティブは、…、契約内容としてみれば、偶然な事由の発生により損害をてん補するものか、損害の発生の有無を問わない金銭の支払をするものかで明確に区別される。その限りで両者の間の境界は現に存在しているということはできる。」と述べる。

[229]　最判昭和 50 年 1 月 31 日・民集 29 巻 1 号 68 頁は、「保険者の支払う保険金は被保険者が現実に被った損害の範囲内に限られるという損害保険特有の原則」が存在することを前提としている。学説においても、損害保険契約は実損填補保険であると言われていた（たとえば、西嶋（1998）311 頁参照）。

けれども、「具体的な『損害填補』契約性は必ずしも保険契約にとって絶対的・論理的要請と見るべきではな（い）」との有力説もあった（大森（1956）44 頁参照）。

また、PEICL（Principles of European Insurance Contract Law. ヨーロッパ保険契約法原則）Part2, Chap. 8, Article 8:101, para. 1 においても、「保険者は、被保険者が実際に被った損害を填補するために必要な金額を超えては、保険金支払義務を負わない。」（筆者訳）と規定されている。けれども、同規定は片面的強行規定であるので（同解説 C2 参照）、保険契約者側に有利に、同規定と異なる約款条項を設けることができる。

の充足をもって、少なくとも一定額の損害額が発生したとみなすもの（以下、損害額のみなし算定という）。

そして、利得禁止原則を構成する要件Cおよび要件Dについて、厳格な利得禁止原則（要件C1と要件D1）と緩やかな利得禁止原則（要件C2と要件D2）に分けて損害保険契約を分類すると、〔表2〕のようなⅠ類型〜Ⅲ類型の保険商品となる。

なお、被保険利益（要件A）は、損害保険契約を賭博から峻別する機能、モラル・ハザード（狭義）を抑止する機能、および、保険の目的や保険給付を確定する機能を果たしているため[230]、要件Aの充足は基本的には不可欠だと考えられる[231]（なお、被保険利益を損害保険契約の要素とする原則を廃棄している国は世界的にも見られないとのことである[232]）。また、要件Bを緩やかに捉える考え方は本稿では検討しない（要件Bを緩やかに捉えずとも、保険約款において保険事故の要件を適宜工夫すれば済むからである）[233]。

またなお、要件D1を適用しつつ、要件C2を適用することはあり得ない。仮に現実の損害が発生していなかった場合であっても損害発生を認めるのが要件C2であるので、要件D1を適用しても、そのような場合に現実の損害額の算定がそもそも不能だからである。

---

*230　山下友信（2018）309頁参照。

*231　政府、地方政府や地方自治体、NGOといった団体がインデックス保険の被保険者となることができるか否かに関して議論がある。そうした団体には、少なくとも直接的な被保険利益が存在しないとも考えられるからである。*Ref.,* Clyde & Co (2018) p. 18. なお、本書においては、インデックス保険の被保険者としては個人や企業を想定しているので、この論点は取り上げない。
　　なお、笹本（1999）597頁は、「道徳的危険の防止策として、他に十分なものが成立すれば、被保険利益概念は不要になるともいえるのではないだろうか。」と指摘する。

*232　山下友信（2018）308頁、山下友信ほか（2019）92頁〔山下友信〕参照。

*233　仮に要件Bを緩やかに捉えた場合には、たとえば、たとえ被保険利益に担保危険事故が発生したことが確認できなくても、周囲の状況等から被保険利益に担保危険事故が発生した相当程度の蓋然性があると認められるような事態が発生した場合には、被保険利益についても担保危険事故が発生したとみなし、要件Bの充足を認めることになる。

〔表2〕利得禁止原則に基づく損害保険契約の分類

損害保険契約の保険給付要件			Ⅰ類型	Ⅱ類型	Ⅲ類型
A：被保険者に被保険利益が存在すること			○	○	○
B：被保険利益について「保険事故」が発生すること			○	○	○
利得禁止原則	C：「保険事故」によって損害が発生すること	C1：現実の損害発生を要件とするもの	○	○	－
		C2：現実の損害発生を要件とせず、一定事実の発生をもって、被保険利益に損害が発生したとみなすもの【損害のみなし発生】	－	－	○
	D：発生した損害に対して、損害額を超えない保険給付がなされること	D1：具体的に損害額を算定するもの	○	－	－
		D2：具体的な損害額の算定をせずに、上記Cをもって、少なくとも一定額の損害額が発生したとみなすもの【損害額のみなし算定】	－	○	○

（筆者作成）

2．定額給付型損害保険商品例の検討

　2種類の利得禁止原則（厳格な利得禁止原則と緩やかな利得禁止原則）をもって損害保険契約を分類すると〔表2〕のとおりであり、このうちⅡ類型とⅢ類型が定額給付型の損害保険契約に該当する[234]。

　ちなみに、〔表2〕のⅠ類型に該当する損害保険商品は、被保険者に被保険利益が存在し（要件A）、被保険利益について「保険事故」が発生したところ（要件B）、「保険事故」によって被保険利益について現実の損害が発生した場合に（要件C1）、具体的に発生損害額を算定したうえで、当該損害額を基に保険金支払額が決まるものである（要件D1）。この類型に該当するのは、一般的に想定されている損害保険商品である。

たとえば、火災保険における損害保険金や、賠償責任保険における賠償保険金がこれにあたる。この類型では、厳格な利得禁止原則（要件C1および要件D1）が適用されるが、それでも、モラル・ハザードを完全には防止できていないことは周知のとおりである。一方、賭博保険は有効に防止されていると言えよう。

　以下では、定額給付を行う〔表2〕のⅡ類型（損害額のみなし算定）およびⅢ類型（損害のみなし発生および損害額のみなし算定）の損害保険商品例について、なぜ緩やかな利得禁止原則を適用した定額給付が認められているのかを検討する（なお、日本と海外では利得禁止原則の捉え方が必ずしも同一ではないが、将来、日本において同様の保険商品が開発される可能性があるので、海外の損害保険商品例についても検討対象とする）。検討にあたっては、利得禁止原則の目的とされている、賭博禁止およびモラル・ハザード（狭義）の防止の観点から検証を行う*235。

＊234　2019年8月1日より、東京ガス株式会社の「myTOKYOGAS」会員向けに、東京ガスを保険契約者、会員を被保険者とする自然災害避難見舞費用保険をチューリッヒ保険が引き受けると発表された（2019年3月1日付けの両社のニュースリリース）。この保険は、居住地域に震度6以上の地震が発生し、かつ、24時間を超えて避難勧告等が発令したことをトリガーとして、5,000円の定額が保険金として支払われるものだとのことである。*Ref.*, https://www.tokyo-gas.co.jp/Press/20190301-01.pdf; https://www.zurich.co.jp/aboutus/news/release/2019/0301_01.
　ただ、この保険の商品内容や商品構成が判然とない。一方では、この保険の正式名称（自然災害避難見舞費用保険）およびニュースリリースの内容からすると、自然災害によって避難を余儀なくされた者に対して被保険者が見舞金を支払う費用損害を担保する保険商品であると推測される。上記保険契約に即して言えば、東京ガスの会員の居住地域に一定程度以上の地震（自然災害）が発生し、そのことによって会員が避難を余儀なくされた場合に、東京ガスが会員に対して見舞金を支払うことになるが、当該見舞金費用損害を保険てん補する保険商品であると推測される。この推測が正しいとすると、通常の損害保険契約（〔表2〕のⅠ類型）であることになる。
　他方では、ニュースリリースによると、会員が被保険者であると記載されており、それが正しいとすると、見舞費用保険ではなく、避難に伴う会員自身の費用負担を保険てん補する保険契約であることになる（避難勧告等が発令されたとしても避難をしない会員に対しても保険給付がなされるようであるので、表のⅢ類型の定額給付型損害保険契約であることになる）。けれども、見舞費用保険とは趣旨が異なる保険契約であることになると思われる（一種の避難費用保険である）。

（1）「損害額のみなし算定」を行う損害保険商品

〔表2〕のⅡ類型（損害額のみなし算定）の損害保険商品は、被保険者に被保険利益が存在し（要件A）、被保険利益について「保険事故」が発生したところ（要件B）、「保険事故」によって被保険利益について現実の損害が発生した場合には（要件C1）、具体的な発生損害額の算定はしないで、少なくとも一定額の損害額は発生したとみなし、当該一定額を保険金支払額とするものである（要件D2：損害額のみなし算定）[236]。

① 日本における損害保険商品例

〔表2〕のⅡ類型（損害額のみなし算定）に該当する損害保険商品は、日本においても従前より存在していた[237]。たとえば、以下のような損

---

[235] 山下友信（2018）82頁も、賭博禁止から導かれる強行法的規律と、モラル・ハザードの防止から導かれる強行法的規律を区別すべきだとする。また、笹本（1999）596頁も、賭博禁止の他に道徳的危険の防止を利得禁止原則の根拠としている。なお、旧商法の草案を作成したロエスレル氏は利得禁止原則について賭博禁止を目的としていたものであり（笹本（1999）586-587頁参照）、大森（1969）87-89頁も利得禁止原則の目的として賭博禁止を挙げていた。

[236] 従来、損害保険契約における利得禁止原則は、新価保険や評価済み保険の取扱いを巡って論争や検討が行われてきた。一見すると、新価保険や評価済み保険は、まさに本文の要件D2（損害額のみなし算定）に該当する保険商品であるようにも考えられることであろう。

けれども、本稿の考え方は異なる。要件D2における損害額のみなし算定とは、現実に発生した損害額がたとえ僅少であったとしても、約定した金額を保険金として支払うものである。たとえば、火災保険の臨時費用保険金は、たとえ実際に発生した臨時費用が5万円程度であったとしても、損害保険金の一定割合（たとえば、30％。ただし、たとえば100万円という限度額あり）が保険金として支払われるのである（本文2（1）①(a)参照）。一方、新価保険や評価済み保険においては、新価あるいは評価額を保険金として支払うことになるが、それは時価基準で評価した損害額を著しく上回るものではない（たとば、時価基準の損害額の10倍以上の金額が支払われるような新価保険を保険会社が引き受けることは通常あり得ない）。また、新価保険に関しては、単に、損害額算定基準として時価基準でなくて新価基準を用いたに過ぎないとも考えられる。評価済み保険に関しても、時価基準または新価基準に近い金額を予め損害額算定基準として約定しておくものに過ぎないとも考えられる。

このように、要件D2における損害額のみなし算定と、新価保険や評価済み保険とは異なる性格のものである可能性がある。そのため、従来、利得禁止原則の例外等として議論されてきた新価保険や評価済み保険は、本書では積極的には取り上げないこととした。

[237] 学説においても、物や財産に関する〔表2〕のⅠ類型以外の損害保険契約があり得ることが示唆されていた。中西ほか（1994）90-91頁〔山下友信発言〕参照。

また、石田（1975）10頁によると、ドイツにおいては、新価保険や評価済保険のほかに、旅行天候保険が定額保険として存在していたようである（Gärtner（1970）S.31ff）。

害保険商品がある。

（a）　火災保険の臨時費用保険金

火災保険における損害保険金は、火災等の担保危険によって保険の目的物に損害が発生した場合に、当該損害をてん補する修理費等の実損額を保険てん補するものである（定額給付ではない）。火災保険では、この損害保険金と併せて、臨時費用保険金も支払われることが多い。臨時費用保険金は、火災発生時に発生する諸費用に充てるため、損害保険金の一定割合（たとえば、30％。ただし、限度額あり）が保険金として支払われるものである。

この火災保険における臨時費用保険金は、Ⅱ類型の定額給付型損害保険商品にあたる。なぜなら、火災保険の目的物について被保険利益が存在することを前提として（要件 A）、保険の目的物に火災等の担保危険による「保険事故」が発生した場合には（要件 B）、修理費や取片付け費用[238] 以外にも様々な費用損害が発生するが（たとえば、緊急避難先のホテル代、交通費、修理期間中の借家の家賃、修理費の新旧交換控除（NFO）。要件 C1）、具体的な発生損害額（および発生見込み損害額）の算定は行わずに、少なくとも修理費を担保する損害保険金に一定割合（たとえば、30％）を乗じた金額以上の損害額が発生したものとみなして、当該金額を保険金として支払うものだからである（要件 D2。臨時費用として被保険者に現実に発生した損害額を算定するものではない[239] [240]。

そこで、火災保険における臨時費用保険金について定額給付が認められる理由を検討すると、賭博禁止の観点からは、要件 A、要件 B および要件 C1 の充足が求められており、かつ、支払われる金額は火災等の担保危険発生時に一般的に必要となる費用を超えないため、賭博保険は防止されていると言える。

---

*238　焼損物等の取片付け費用については、別途、取片付け費用保険金が支払われる。

*239　田辺＝坂口（1995）64 頁〔田辺康平〕、東京海上日動火災保険（2016）71 頁参照。

モラル・ハザードの防止の観点からは、損害額の算定において要件
D1を緩和した要件D2を適用するのでモラル・ハザードの可能性がある。

けれども、第1に、臨時費用保険金は損害保険金の金額に完全に連動
しているので、臨時費用保険金についてモラル・ハザードを行うには、
損害保険金についてもモラル・ハザードを行うことになる（むしろ、
「損害保険金についてモラル・ハザードを行うと、自動的に臨時費用保険金
についてもモラル・ハザードを行うことになる」と表現した方が正確であ
る）。

第2に、臨時費用保険金として支払われる金額は、火災等の担保危険
発生時に一般的に必要となる費用を超えない額とされており（損害保険
金に一定割合を乗じた金額、かつ、限度額（たとえば、住宅物件では100万
円）以内の金額）、利得は生じないと考えられるため、臨時費用保険金を
不正取得する目的で事故偽装型（「事故偽装型」については後述3（2）冒
頭参照）のモラル・ハザードの防止が企図される可能性は極めて低いと
考えられる。そのため、臨時費用保険金について、緩和した要件D2を
適用して定額給付を認めることによって、臨時費用保険金に関するモラ
ル・ハザードの確率が高まることはない（基本的には、損害保険金に関す
るモラル・ハザードの確率と同じであると考えられる[241]）。

---

*240　似たような保険商品として、かつて、臨時生計費保険という火災保険の特約が存在した。こ
　　の特約を付帯していると、保険の目的物である建物または保険の目的物である家財を収容する建
　　物が、火災保険の担保危険で損害を受け、そのため世帯員全員が当該建物に居住できなくなった
　　場合には、増加する生計費その他の出費を填補するために当該保険金が定額で支払われた。具体
　　的には、世帯員1名につき5万円（ただし、6歳未満の世帯員は1名あたり2万円）の合計額、
　　または、主契約である火災保険の損害保険金の30％相当額のいずれか低い金額が、保険金とし
　　て定額で支払われるものである。ただし、罹災建物の修復または再築が30日以内に行われた場
　　合には、その日数を30日で除した割合に保険金が修正されることになっていた。この特約は安
　　田火災海上保険の立案によるもので、1955年6月に認可・実施されたが、臨時費用保険金が火
　　災保険約款（一般物件用）に組み込まれた1980年7月に使命を終えて廃止された。以上、田辺
　　（1962）150-152頁、東京海上火災保険（1964）307-312頁〔川崎継男〕、田辺＝坂口（1995）
　　10-11頁〔戸出正夫〕参照。

このように、火災保険の臨時費用保険金は定額給付であるものの、Ⅰ類型の損害保険商品である火災保険の損害保険金に完全に連動する付随的な保険金とするとともに、限度額を設定することによって、モラル・ハザードの可能性が一定程度以上に高まることを抑制している。

以上のとおり、賭博禁止の観点からも、モラル・ハザードの防止の観点からも、緩和した要件D2を適用して定額給付を認めることに問題はないので、損害保険契約であるにもかかわらず定額給付が認められていると考えられる。

(b)　「地震・噴火・津波危険車両全損時一時金特約」

自動車保険の「地震・噴火・津波危険車両全損時一時金特約」は、自動車保険に付帯する特約である。この特約を付帯していると、地震、噴火、地震または噴火による津波等で被保険自動車が全損となった場合は、一律に50万円が保険金として支払われる[242]。

この自動車保険の「地震・噴火・津波危険車両全損時一時金特約」は、Ⅱ類型の定額給付型損害保険商品にあたる。なぜなら、車両保険の目的物である被保険自動車について被保険利益が存在することを前提として（要件A）、地震、噴火、地震または噴火による津波等という担保危険によって被保険自動車が全損になるという「保険事故」が発生した場合には（要件B）、被保険自動車の時価以外にも様々な費用損害が発生するが（たとえば、車両買替え期間中における代替車両賃借費用等。要件C1）、具体的な発生損害額（および発生見込み損害額）の算定は行わずに、少

---

[241]　厳密な議論をすると、モラル・ハザードを企図するに際して、損害保険金のみならず臨時費用保険金も不正取得できることを算段に入れることがあるとすれば、臨時費用保険金の定額給付によってモラル・ハザードの確率がやや高まると言えないではない。しかしながら、臨時費用保険金も算段に入れてモラル・ハザードを企図する者は多くないと思われるし、また、臨時費用保険金には限度額が設定されているので、モラル・ハザードの発生確率が一定程度以上には高まらないしくみも内蔵されている。

[242]　東京海上日動火災保険が開発し、2012年1月保険始期契約より付帯が可能となった特約である。信岡（2012）参照。

なくとも 50 万円または車両保険金額の低い金額以上の損害額が発生したものとみなして、一律に 50 万円（ただし、車両保険金額が限度）を保険金として支払うものだからである（要件 D2。被保険自動車が全損となった場合に実際に要した諸費用を算定するものではない）。

そこで、自動車保険における「地震・噴火・津波危険車両全損時一時金特約」について定額給付が認められる理由を検討すると、賭博禁止の観点からは、要件 A、要件 B および要件 C の充足が求められている。そして、支払われる金額は一律 50 万円または車両保険金額の少ない金額であるが、大規模地震によって被保険自動車が全損となった場合に見込まれる費用損害等は、少なくとも当該金額を上回ると考えられる。そのため、賭博保険となる可能性は低く、賭博保険は防止されていると言える。

モラル・ハザードの防止の観点からは、損害額の算定において要件 D1 を緩和した要件 D2 を適用するのでモラル・ハザード増加の可能性がある。けれども、担保危険は地震、噴火、地震または噴火による津波等という自然災害であるから、基本的にモラル・ハザードが想定できない。

以上のとおり、賭博禁止の観点からも、モラル・ハザードの防止の観点からも、緩和した要件 D2 を適用して定額給付を認めることに問題はないので、損害保険契約であるにもかかわらず定額給付が認められていると考えられる。

② インシュアテックにおける損害保険商品例

さらに、近時は、インシュアテックの一環として、様々な保険商品が開発されている。その中には、たとえば以下のような Ⅱ 類型の損害保険商品もある。

(a) 「フラッドフラッシュ」（水災保険）

フラッドフラッシュ社（FloodFlash Ltd. 英国）は、フラッドフラッ

シュ（FloodFlash）という名称で定額給付方式の洪水保険を提供している[243]。すなわち、予め保険の目的物たる事業用建物に水位計を設置しておき、約定した水位を超えた場合には（当該情報は保険者に送信される）、保険者は、水害に遭ったことを被保険者に確認のうえ、具体的な損害額の算定は行わずに予め約定した保険金を定額で支払う[244]。

　このフラッドフラッシュ社の洪水保険は、Ⅱ類型の定額給付型損害保険商品にあたる。なぜなら、洪水保険の目的物である事業用建物について被保険利益が存在することを前提として（要件A）、洪水という担保危険によって保険の目的物について一定水位以上の浸水という「保険事故」が発生した場合には（それぞれの保険の目的物に設置した水位計が自動計測する。要件B）、様々な損害が発生するが（たとえば、清掃費用、修理費用、什器備品や在庫品の一時保管費用、仮事務所等の賃借費用等。要件C1）、具体的な発生損害額（および発生見込み損害額）の算定は行わずに、損害発生見込額として予め約定した金額を保険金として支払うものだからである（要件D2）。

　そこで、フラッドフラッシュ社の洪水保険について定額給付が認められる理由を検討すると、賭博禁止の観点からは、要件A、要件Bおよび要件Cの充足が求められており、かつ、保険金支払額は、予め約定された規模の洪水によって見込まれる費用損害等を約定保険金額としている。そのため、賭博保険となる可能性は低く、賭博保険は防止されていると言える。

　モラル・ハザードの防止の観点からは、損害額の算定において要件D1を緩和した要件D2を適用するのでモラル・ハザード増加の可能性を検討する必要がある。けれども、担保危険は洪水という自然災害であ

＊243　*Ref.*, https://floodflash.co.

＊244　*Ref.*, https://floodflash.co/faq.

るから、基本的にモラル・ハザードが想定しにくい[245]。

　以上のとおり、フラッドフラッシュ社の洪水保険は、賭博禁止の観点からも、モラル・ハザードの防止の観点からも、緩和した要件 D2 を適用して定額給付を認めることに問題はないので、損害保険契約であるにもかかわらず定額給付が認められていると考えられる。

　(b)　「ジャンプスタート」（地震保険）

　ジャンプスタート保険ソリューション社（Jumpstart Insurance Solutions, Inc. 米国）は、ジャンプスタート（Jumpstart）という名称で定額給付方式の地震保険を提供している（2020 年 1 月時点では米国カリフォルニア州のみ）[246]。同社は、保険契約者が居住する地域に一定規模以上の地震が発生した場合には、1 万ドルの定額を保険金として支払う保険をサープラスライン（surplus line）として販売する保険ブローカーである（保険者はロイズ）。何らかの損害が発生したことの確認は行うが、損害額の確認は行わずに 1 万ドルの定額を支払う。この 1 万ドルとは、統計データに基づき、一定規模以上の地震が発生した際に多くの人が必要となる金額であるとのことである[247]。

　このジャンプスタートという地震保険は、Ⅱ類型の定額給付型損害保険商品にあたる。なぜなら、成人（18 歳以上）が居住について被保険利益が存在することを前提として（要件 A）、居住地に一定規模以上の地震という「保険事故」が発生した場合には（要件 B）、損害（建物損害や家財損害のほか、一時的な避難費用、避難時の生活費、取片付け費用、育児費用等の将来に発生する損害も含む）の発生または発生見込みを確認した

---

[245]　保険の目的物たる各建物に設置された水位計を保険契約者が操作する可能性があり得ないではないが、全く水災が付近に発生していないのに操作すれば、意図的な操作であると直ちに露見するであろう。一方、付近に水害が発生した際に操作した場合には、水害直後は露見せずに保険金を受領できるであろうが、やがて露見する可能性が高いと思われる。

[246]　*Ref.*, https://www.jumpstartrecovery.com.

[247]　*Ref.*, https://www.jumpstartrecovery.com/faq.

うえで（テキスト・メッセージによる電子メール等で確認する。要件 C1）、具体的な発生損害額（発生見込み損害額を含む）の算定は行わずに、1 万米国ドルを保険金として支払うものだからである（要件 D2）。

そこで、ジャンプスタートの地震保険について定額給付が認められる理由を検討すると、賭博禁止の観点からは、要件 A、要件 B および要件 C の充足が求められている。そして、保険金支払額は一律 1 万米国ドルであるが、大規模地震が発生した場合に見込まれる費用損害等は、少なくとも当該金額を上回ると考えられる。そのため、賭博保険となる可能性は低く、賭博保険は防止されていると言える。

モラル・ハザードの防止の観点からは、要件 D1 を緩和した要件 D2 を適用するのでモラル・ハザード増加の可能性を検討する必要がある。けれども、担保危険は地震という自然災害であるから、基本的にモラル・ハザードが想定できない。

以上のとおり、賭博禁止の観点からも、モラル・ハザードの防止の観点からも、緩和した要件 D2 を適用して定額給付を認めることに問題はないので、損害保険契約であるにもかかわらず定額給付が認められていると考えられる。

なお、損害発生または損害発生見込みの確認を個々に実施するとされているので、要件 C1 を充足していることになる。けれども、思うに、大規模地震発生時には、損害の発生・発生見込み確認をなかなか実施できない保険契約者がでてくる可能性がある。こうした場合に、損害の発生・発生見込み確認ができない限り保険金を支払わないとすると、この保険商品の意義が大きく減殺されてしまう惧れがあろう。一方、そのような場合であっても保険金支払に踏み切るのであれば（たとえば、連絡を取れないことをもって、何らかの費用損害が発生している状況にあるとみなす）、この保険商品の意義は大きく高まることになろう（その場合には、要件 C についても緩和された要件である要件 C2 を採用したことになるので、

事実上、Ⅲ類型の保険商品であることになる）。

(c) 「贈るほけん 地震のおまもり」（地震保険）

日本においても、インシュアテックの一環として、Ⅱ類型の損害保険商品が発売されている。Mysurance 株式会社（日本の少額短期保険会社）は、「贈るほけん 地震のおまもり」（LINE Financial 株式会社との提携商品群である「LINE ほけん」の一つ）という名称で、SNS（ソーシャル・ネットワーキング・サービス）の一つである LINE 上で加入できる定額給付方式の地震保険を 2019 年 3 月 11 日より提供している。この保険商品は、保険契約者が被保険者（保険契約者ではない被保険者）に地震保険契約を贈るものであり、被保険者の自宅所在地地域で震度 6 弱以上の地震が観測された場合に 1 万円の定額保険金が被保険者に支払われる[248]。

被保険者の自宅地域で震度 6 弱以上の地震が発生すると、Mysurance は、保険金請求対象である旨のメッセージを被保険者に配信する。そして、このメッセージに対して、被保険者が被害や損害（たとえば、家財が損壊したり、緊急的に飲料等を購入したりしたという被害や損害）の申告を行うと、同社は 1 万円の定額を保険金として支払う（被保険者は、「LINE Pay」アカウントで保険金を受領する）[249]。その際、被保険者に 1 万円以上の被害が発生したことは確認しないようであり、そうであるとするとⅡ類型の損害保険商品であることになる。

そこで、「贈る保険 地震のおまもり」について定額給付が認められる理由を検討すると、賭博禁止の観点からは、要件 A、要件 B および要件 C の充足が求められている。そして、保険金支払額は一律 1 万円に

---

*248　この保険商品は、ある意味では（あるいは、実質的には）、事前手配型の見舞費用保険金であると言えよう（ただし、被保険者は保険契約者とは別人であるので、正確には、見舞費用保険ではない）。

*249　2019 年 3 月 12 日付けの LINE Financial 株式会社、損害保険ジャパン日本興亜株式会社、Mysurance 株式会社のニュースリリースを参照。*Ref.*, https://www.mysurance.co.jp/news/2019-03-12; https://linecorp.com/ja/pr/news/ja/2019/2634.

過ぎず、大地震の際に被保険者に発生する費用損害として決して過大な金額ではない。そのため、賭博保険となる可能性は極めて低く、賭博保険は防止されていると言える。

　モラル・ハザードの防止の観点からは、要件 D1 を緩和した要件 D2 を適用するのでモラル・ハザード増加の可能性を検討する必要がある。けれども、担保危険は地震という自然災害であるから、基本的にモラル・ハザードが想定できない。

　以上のとおり、賭博禁止の観点からも、モラル・ハザードの防止の観点からも、緩和した要件 D2 を適用して定額給付を認めることに問題はないので、損害保険契約であるにもかかわらず定額給付が認められていると考えられる。

（2）「損害のみなし発生」および「損害額のみなし算定」を行う損害保険商品

　〔表2〕のⅢ類型（損害のみなし発生および損害額のみなし算定）の損害保険商品は、被保険者に被保険利益が存在し（要件A）、被保険利益について「保険事故」が発生した場合には（要件B）、保険事故によって被保険利益について現実の損害が発生したことを要件とせず、一定事実の発生をもって、被保険利益に損害が発生したとみなしたうえで（要件C2：損害のみなし発生）、具体的な発生損害額の算定はしないで、少なくとも一定額の損害額は発生したとみなし、当該一定額を保険金支払額とするものである（要件D2：損害額のみなし算定）。

①　日本における損害保険商品例

　Ⅲ類型（損害のみなし発生および損害額のみなし算定）に該当する損害保険商品は、日本においても従前より存在していた[250]。たとえば、以

＊250　前掲注＊237 参照。

下のような保険商品がある。

(a) 対人臨時費用保険金

自動車保険の対人臨時費用保険金は、自動車保険の対人賠償保険に組み込まれている費用保険金である。対人賠償事故によって死亡事故が発生した場合に、被保険者に対して、一律に、被害者1名あたり15万円が支払われるものである。

この自動車保険の対人臨時費用保険金は、Ⅲ類型の定額給付型損害保険商品にあたる。なぜなら、被保険自動車の対人賠償保険について被保険利益が存在することを前提として（要件A）、対人賠償事故によって被害者が死亡するという「保険事故」が発生した場合には（要件B）、現実の費用損害（典型的には、被害者遺族への香典等や、遺族宅訪問のための交通費・宿泊費）の発生を要件とせずに（要件C2）、かつ、具体的な発生損害額（および発生見込み損害額）の算定は行わずに、一律に15万円（被害者1名あたり）を保険金として支払うものだからである（要件D2)。換言すると、被保険者が香典等を支出せず、遺族訪問もせず、全く費用を支出しなかったとしても（現実に、そのような被保険者も実在する）、対人臨時費用保険金は支払われることになる。

そこで、自動車保険の対人臨時費用保険金について定額給付が認められる理由を検討すると、賭博禁止の観点からは、要件Aおよび要件Bの充足が必要であり、支払保険金の額も少額であり、かつ、対人賠償事故の付随的な保険金であることから（被保険者としては、対人臨時費用保険金の取得を願うよりは、対人死亡事故を起こさないことを切に願っているはずである）、賭博保険の可能性は極めて低く、賭博保険は防止されていると言える。

モラル・ハザードの防止の観点からは、要件C1を緩和した要件C2を適用し、かつ、要件D1を緩和した要件D2を適用するので、モラル・ハザードの可能性がある。

　けれども、第1に、対人臨時費用保険金は対人賠償保険金の保険給付要件に連動しているので、対人臨時費用保険金についてモラル・ハザードを行うには、対人賠償保険金についてもモラル・ハザードを行わざるを得ないことになる（むしろ、対人賠償保険金についてモラル・ハザードを行うと、自動的に対人臨時費用保険金についてもモラル・ハザードを行うことになるが、自賠責保険金や対人賠償保険金と比較すると、対人臨時費用保険金は極めて少額である）。したがって、対人臨時費用保険金について、緩和した要件C2および要件D2を適用して定額給付を認めることによって、臨時費用保険金に関するモラル・ハザードの確率が高まることはない（基本的には、対人賠償保険金に関するモラル・ハザードの確率に織り込まれていると考えられる[251]）。

　第2に、対人死亡事故に限定されているが、そもそも対人賠償保険においてもモラル・ハザードが発生しにくい（一般に、対人賠償事故における故意の事故招致は傷害事案や後遺障害事案であって、死亡事案について行われることは少ない）。意図的に死亡事故を起こすと重大な刑罰が科されるし、また、保険金詐欺のために他人を殺害するということは一般的な倫理観にも反するからである[252]。

　このように、自動車保険の対人臨時費用保険金は定額給付であるものの、I類型の損害保険商品である自動車保険の対人賠償保険金の保険給付要件に連動する付随的な保険金とし、しかも、対人死亡事故に限定し、さらに定額給付される保険金を15万円と少額に抑えることによって[253]、

＊251　厳密な議論をすると、モラル・ハザードを企図するに際して、自賠責保険金および対人賠償保険金のみならず対人臨時費用保険金も不正取得できることを算段に入れることがあるとすれば、臨時費用保険金の定額給付によってモラル・ハザードの確率が全く高まらないとは断言できない。しかしながら、臨時費用保険金も算段に入れてモラル・ハザードを企図する者は多くないと思われるし、また、臨時費用保険金には限度額が設定されているので、モラル・ハザードの発生確率が高まらないような仕組みも組み込まれている。
＊252　山下友信ほか（2019）89頁〔山下友信〕は、生命保険に利得禁止原則が妥当しない理由の一つとして、この点を挙げている。

モラル・ハザードの可能性が高まることを抑制している。

　以上のとおり、賭博禁止の観点からも、モラル・ハザードの防止の観点からも、緩和した要件 C2 および要件 D2 を適用して定額給付を認めることに問題はないので、損害保険契約であるにもかかわらず定額給付が認められていると考えられる[254]。

　(b)　**失火見舞費用保険金**

　火災保険の失火見舞費用保険金は、火災保険に組み込まれている費用保険金である。保険の目的物たる建物または保険の目的物（たとえば、家財）を収容する建物から発生した火災、破裂、爆発によって、第三者の所有物が滅失、毀損、汚損した場合に、被保険者に対して、一律に、見舞金等として定額（たとえば、1 被災世帯あたり 20 万円）が支払われるものである。

　この火災保険の失火見舞費用保険金は、Ⅲ類型の定額給付型損害保険商品にあたる。なぜなら、火災保険の目的物について被保険利益が存在することを前提として（要件 A）、保険の目的物からの火災、破裂、爆発によって第三者の所有物が滅失、毀損、汚損するという「保険事故」が発生した場合には（要件 B）、現実の費用損害（典型的には、被災世帯への見舞金）の発生を要件とせずに（要件 C2）[255]、かつ、具体的な発生損害額（および発生見込み損害額）の算定は行わずに、一律に定額（1 被災世帯あたり）を保険金として支払うものだからである（要件 D2）。換言すると、被保険者が見舞金の提供など、全く費用を支出しなかったとしても、失火見舞費用保険金は支払われることになる。

＊253　対人臨時費用保険金は、1981 年 10 月に創設されたものである。創設当初は、被害者が死亡した場合には被害者 1 名あたり 10 万円、被害者が 30 日以上の入院をした場合は被害者 1 名あたり 2 万円が支払われていた。鴻編（1995）168 頁、174-175 頁〔庄司裕幸〕参照。

＊254　なお、保険実務書では、「実務上、実際に要した額を確認することは困難であるため、…一律に定額払することとしている。」と述べられている。東京海上火災保険編（1990）276 頁参照。

＊255　田辺＝坂口（1995）66 頁〔田辺康平〕参照。

　そこで、火災保険の失火見舞費用保険金について定額給付が認められる理由を検討すると、賭博禁止の観点からは、要件Aおよび要件Bの充足が必要であり、支払保険金の額も少額（あるいは、多額ではない金額）であること、かつ、火災事故の付随的な保険金であり、保険の目的物の周辺の第三者に火災、破裂、爆発の被害が及んだ場合に限定されることから（被保険者としては、失火見舞費用保険金の取得を願うよりは、火災事故を起こさず、また、たとえ失火しても周辺に火災被害をもたらさないことを切に願っているはずである）、賭博保険の可能性は極めて低く、賭博保険は防止されていると言える。

　モラル・ハザードの防止の観点からは、要件C1を緩和した要件C2を適用し、かつ、要件D1を緩和した要件D2を適用するので、モラル・ハザードの可能性がある。

　けれども、第1に、失火見舞費用保険金は火災保険金の保険給付要件に連動しているので、失火見舞費用保険金についてモラル・ハザードを行うには、火災保険の損害保険金についてもモラル・ハザードを行わざるを得ないことになる（むしろ、火災保険の損害保険金についてモラル・ハザードを行い、火災、破裂、爆発の被害が周辺の第三者に及ぶと、自動的に失火見舞費用保険金についてもモラル・ハザードを行うことになると言える）。したがって、失火見舞費用保険金について、緩和した要件C2および要件D2を適用して定額給付を認めることによって、失火見舞費用保険金に関するモラル・ハザードの確率が高まることはない（基本的には、火災保険の損害保険金に関するモラル・ハザードの確率に織り込まれていると考えられる）。

　第2に、失火見舞費用保険金は被害が周辺の第三者に及ぶ火災、破裂、爆発に限定されているが、そもそも、そのような事態に至るモラル・ハザードは発生しにくい（一般に、周辺の第三者に被害が及ぶような火災、破裂、爆発事故を起こすと、被保険者は当該地域に居住し続け辛いことにな

る。そのため、火災保険における故意の事故招致は、そのような事態に至らない状況で行われることが多い[*256]）。

　このように、火災保険の失火見舞費用保険金は定額給付であるものの、Ⅰ類型の損害保険商品である火災保険の損害保険金の保険給付要件に連動する付随的な保険金とし、しかも、保険の目的物の周辺の第三者の所有物に被害が及んだ場合に限定し、さらに定額給付される保険金を20万円（1被災世帯あたり）と少額（あるいは、多額ではない金額[*257]）に抑えることによって、モラル・ハザードの可能性が高まることを抑制している。

　以上のとおり、賭博禁止の観点からも、モラル・ハザードの防止の観点からも、緩和した要件C2および要件D2を適用して定額給付を認めることに問題はないので、損害保険契約であるにもかかわらず定額給付が認められていると考えられる。

②　海外における損害保険商品例

（a）　農業分野のインデックス保険

　海外では、発展途上国において、農業分野のインデックス保険が広く行われている[*258]。インデックス保険（index insurance or index based insurance）[*259]とは、保険契約者に被保険利益がある場合に（たとえば、農業経営者は農作物の収穫量について被保険利益を有している）、当該被保

---

*256　さらには、周辺の住宅等に被害が及んで死傷者が出た場合には、火災、破裂、爆発が被保険者の故意によるものだと露見すると、保険金詐欺に関する詐欺罪よりも重い刑事罰を科される可能性があるからである。

*257　保険会社によっては、1被災世帯あたりの失火見舞費用保険金の額が20万円を超える定額であることもある（たとえば、1被災世帯あたり50万円）。

*258　農業分野のインデックス保険について、World Bank (2005), World Bank (2011), World Bank Group (2016), 福岡 (2009) pp. 51-52参照。インデックス保険全般について、IAIS (2018a)、濱田 (2019) 参照。

*259　インデックス保険は、パラメトリック保険（parametric insurance）、イベントベース保険（event-based insurance）とも称されている。なお、これらの用語は、論者によって定義や用法は区々であり、また、明確な区分の設定は困難であるので、本稿では全てインデックス保険と称することにする。

険利益と関連性を有する一定の指標（index. たとえば、降雨量）が一定の値に達すること（あるいは、達しないこと）を保険事故として、一定の計算方式（たとえば、当該地区の単位面積あたりの平均収穫量×（（必要降水量－当該地区の降水量実績値）／必要降水量）×単位収穫量あたりの単価）によって保険金を算出する定額給付型損害保険商品のことである。

　天候に関するインデックス保険は、理論的には Halcow（1948）が初めて提唱し、Dandekar（1977）が発展させ、Skees *et al.*（1999）が発展途上国での利用を提案し、モロッコでの導入を検討した（Skees *et al.*（2001））とのことである[260]。なお、インデックス保険は、2000 年にカナダで発売されたのが始まりとも言われている[261]。その後、特に世界銀行が、発展途上国向けに農業分野のインデックス保険の普及に積極的に取り組んでいる（世界銀行では、GIIF（Global Index Insurance Facility）というプログラムを設置して、サブサハラ・アフリカ、アジア、ラテン・アメリカ、カリブ海諸国向けに農業分野のインデックス保険の普及に努めている）。

　現在、インデックス保険が特に広く販売されているはインドである。2007 年から保険引受を始めたインド農業保険公社（AIC：Agriculture Insurance Company of India Limited）が中心的な引受主体であり、2004 年から保険引受を行っている IFFCO-TOKIO 社（東京海上日動火災保険とインド農民肥料公社（IFFCO）の合弁会社）も一定程度の引受をしている[262]。さらに、BICSA（Bundled Solutions of Index Insurance with Climate Information and Seed Systems to manage Agricultural Risks）という農家向けサービスが始まっている。これは、インデックス保険の提供のみならず、気象に適応した種子の提供や気象情報サービスの提供も取り込ん

＊260　*Ref.*, Tadesse *et al.*（2015）p. 21.
＊261　経済産業研究所（2008）参照。
＊262　櫻井（2013）参照。

だ包括的なサービスである*263。

　アフリカでは、たとえば、2009 年に設立されたケニアのアクレ社（ACRE: Agriculture and Climate Risk Enterprise Ltd.）がある。アクレ社は、ケニアでは保険調査会社として、タンザニアおよびルワンダでは保険代理店として、収穫保険および家畜保険についてインデックス保険を案内している*264。

　東南アジアでは、損害保険ジャパン日本興亜のグループ会社が農業分野のインデックス保険を広く引き受けようとしている。たとえば、損保ジャパン日本興亜タイランド社（Sompo Insurance（Thailand）Public Company Limited）は、2010 年よりタイにおいて、農業協同組合銀行（BAAC: Bank for Agriculture and Agricultural Cooperatives）を保険契約者とする降水量のインデックス保険を引き受けている。保険契約者は農家に融資を行う際に保険加入を勧め、農家が保険に加入することになると保険料相当額を受け取り、それを保険料として保険会社に支払う。また、保険金は BAAC に支払われ、その後、BAAC から農家に保険金相当額が支払われる*265。またたとえば、PGA 損保保険（PGA Sompo Insurance Corporation）は、2014 年よりフィリピンにおいて、台風のインデックス保険の引受を開始した。この保険は、台風の中心が予め定めた対象エリアを通過すれば、一定額の保険金が支払われるものである*266。

　このような農業分野のインデックス保険は、Ⅲ類型の定額給付型損害保険商品にあたる。なぜなら、農作物の収穫について被保険利益が存在

＊263　*Ref.,* https://wle.cgiar.org/bundled-solutions-index-insurance-climate-information-and-seed-systems-manage-agricultural-risks. 濱田（2019）13-15 頁参照。

＊264　*Ref.,* https://acreafrica.com, last visited on Nov. 10, 2019. なお、アフリカにおけるインデックス保険の状況については、渡部（2013）42-43 頁、Tadesse *et al.*（2015）, Miranda and Mulangu（2016）を参照。

＊265　*Ref.,* https://www.sjnk.co.jp/~/media/SJNK/files/topics/sj/2010/20110222_1.pdf#page=1.

＊266　*Ref.,* https://www.sjnk.co.jp/~/media/SJNK/files/news/sj/2014/20140711_1.pdf#page=1.

することを前提として（要件 A）、客観的な指標（index. 降水量、気温、風速、地域の平均収量等）が予め約定された一定の数値を上下するという「保険事故」が発生した場合には（要件 B）、現実の収量損害の発生を要件とせずに（要件 C2）、かつ、具体的な発生損害額（および発生見込み損害額）の算定は行わずに、予め約定した金額（または、予め約定した算式で算出された金額）を保険金として支払うものだからである（要件 D2）。

そこで、農業分野のインデックス保険について定額給付が認められる理由を検討すると、賭博禁止の観点からは、要件Aおよび要件Bの充足が必要であり、かつ、保険金額は平時の農作物収量に応じて設定されるので、賭博保険となる可能性は低く、賭博保険は防止されていると言える。もちろん、たまたま、ある被保険者に全く収量損害が発生しなかったとしても当該被保険者にも保険金は支払われることになるので、賭博保険の可能性が皆無であるわけではない。

モラル・ハザードの防止の観点からは、要件 C1 を緩和した要件 C2 を適用し、かつ、要件 D1 を緩和した要件 D2 を適用するので、モラル・ハザードの可能性がある。

けれども、担保危険は自然災害や自然現象であり、かつ、客観的な指標を使用して「保険事故」の該当性を判断することにしており（要件 C2）、また、保険金支払額は、予め約定した金額または予め約定した算式で算出された金額となるので（要件 D2）、モラル・ハザードが想定しにくい[*267]。ちなみに、発展途上国の天候リスクによる農作物の収量減少については、従前は典型的な損害保険、すなわちⅠ類型の保険商品である穀物保険（収穫保険。crop insurance）が販売されていたが、農家が生産努力を怠るモラール・ハザード（morale hazard）や農産物収量を少

＊267　櫻井（2013）参照。

なく申告するモラル・ハザード（moral hazard）等[268] によって保険制度が立ち行かなくなったのである。そこで登場したのがⅢ類型のインデックス保険であり、むしろ、Ⅰ類型の典型的な保険商品におけるモラル・ハザードやモラル・ハザードの問題が解消されたのである。

以上のとおり、農業分野のインデックス保険は、賭博保険の可能性が極めて低く、また、Ⅰ類型の一般的な保険商品よりもモラル・ハザードが劇的に低下することから、賭博禁止の観点からもモラル・ハザードの防止の観点からも、緩和した要件 C2 および要件 D2 を適用して定額給付を認めることに問題はないので、損害保険契約であるにもかかわらず定額給付が認められていると考えられる。

（b）　航空機遅延保険

欧州では、航空機遅延保険（flight delay insurance）の保険金支払に関して自動執行システムが導入されている。航空機遅延保険とは、搭乗予定だった航空機について、欠航となったり、行き先変更となったり、一定時間以上の遅延となったりした場合に、保険契約者に発生する費用損害をてん補する保険商品である。

たとえば、チャブ保険（Chubb European Group. 英国）は、スイス再保険およびフライトスタツ社（FlightStats, Inc. 米国。2001 年創業[269]）と提携のうえ、フライトトラッカー（flight tracker）・ソフトウェアである App in the Air[270] の英国ユーザー向けに 2017 年より実施している[271]。具体的には、欠航となったり、到着地が変更となったり、搭乗予定の便について 1 時間以上の遅延が発生した場合には、保険契約者からの保険事故報告や保険金請求を待たずに、定額（￡100）の保険金が即座に支

＊268　*Ref*. Osgood *et al*.（2007）pp. 6, 8, Miranda and Farrin（2012）pp. 392-393, 高橋（2015）p. 17.
＊269　*Ref*., https://www.flightstats.com/v2.
＊270　*Ref*., https://www.appintheair.mobi/#about.
＊271　*Ref*., http://news.chubb.com/2017-09-08-Chubb-and-App-in-the-Air-launch-fully-automated-and-real-time-Flight-Delay-Insurance-in-partnership-with-Swiss-Re-and-FlightStats.

払われる（通常は1時間以内。最長でも、目的地到着から72時間以内）。

　またたとえば、アクサ保険会社（AXA. フランス）も fizzy という保険商品名で、2時間以上の到着遅延を担保する航空機遅延保険を2017年より引き受けていた（なお、欠航や到着地変更は不担保）。この保険においても、航空機の到着データを自動入手のうえ、自動的に保険金の支払が行われていた（事故報告や保険金請求は不要である）[*272]。

　このような保険金支払が自動的に行われる航空機遅延保険は、Ⅲ類型の定額給付型損害保険商品にあたる。なぜなら、航空機の欠航・到着地変更・遅延に伴う費用損害（たとえば、タクシー代、宿泊費、ラウンジ使用料、食事代やスナック購入費、時間潰しのための本や雑誌の購入費）について被保険利益が存在することを前提として（要件A）、搭乗便または搭乗予定便の欠航・到着地変更・遅延という「保険事故」が発生した場合には（要件B）、現実の費用損害の発生を要件とせずに（要件C2）、かつ、具体的な発生損害額（および発生見込み損害額）の算定は行わずに、予め約定した金額を保険金として支払うものだからである（要件D2）。

　そこで、保険金支払が自動的に行われる航空機遅延保険について定額給付が認められる理由を検討すると、賭博禁止の観点からは、要件Aおよび要件Bの充足が必要であり、かつ、支払われる保険金の額は、保険事故が発生した場合に一般的に必要となる費用以下であるので、賭博保険の可能性は低く、賭博保険は防止されていると言える。

　モラル・ハザードの防止の観点からは、要件C1を緩和した要件C2を適用し、かつ、要件D1を緩和した要件D2を適用するので、モラル・ハザードの可能性がある。

＊272　*Ref.,* https://fizzy.axa/en-gb, last visited on Nov. 10, 2019. ただし、テスト段階が終了したので現在は利用できない。なお、当該テストは、パリのシャルル・ド・ゴール空港と米国間の直行便のみが対象であった。*Ref.,* https://www.axa.com/en/newsroom/news/axa-goes-blockchain-with-fizzy.

けれども、担保危険は航空機の欠航・到着地変更・遅延であり（要件C2）、また、保険金支払額は、そのような場合に少なくとも一般的に必要となると考えられる費用として予め約定した金額に過ぎないので（要件D2）、わざわざ航空機遅延保険金を不正取得したいがために、搭乗予定の航空機を欠航・到着地変更・一定時間以上の遅延を意図的に発生させるモラル・ハザードは想定しにくい。保険事故の発生原因は自然災害や自然現象に限定されるものではなく、人為的に保険事故を発生させることも可能であるが、人為的に保険事故を発生させるコスト（発生させる費用、負担する罰金などの刑罰等）と比較すると、不正取得できる保険金の額は、はるかに少ない。また、航空機の運航データは客観的に確認されるので、架空事故を作出することも困難だからである。

以上のとおり、賭博禁止の観点からも、モラル・ハザードの防止の観点からも、緩和した要件C2およびD2を適用して定額給付を認めることに問題はないので、損害保険契約であるにもかかわらず定額給付が認められていると考えられる。

(c) 自然災害に関するインデックス保険

これまで、インデックス保険は主に発展途上国向けに開発され、販売されてきた（前述(a)参照）。けれども、先進国においても、自然災害に関して[273]インデックス保険が開発され、販売され始めた（従来、自然災害リスクを補償する定額給付型の金融商品は、先進国においては天候デリバティブや地震デリバティブとして販売されていた[274]。ここに至り、よう

---

[273]　自然災害に関するインデックス保険ではなく、利益保険としてのインデックス保険も登場している。すなわち、ロイズは、ホテル業界向けに、「1客室あたりの売上高」を指標とする、オールリスク（ただし、被保険者がコントロールできないリスクに限る）のインデックス保険を2019年9月に発売した。*Ref.*, https://www.lloyds.com/news-and-risk-insight/press-releases/2019/09/lloyds-launches-new-parametric-profit-protection-policy-for-hotel-industry. 濱田（2019）17-18頁参照。

　　なお、従来、こうしたリスクを補償する保険商品として、事業活動保険が存在していた。事業活動保険について吉澤（2001a）139-143参照。

[274]　吉澤（2001a）228-229頁参照。

やく保険商品として設計され、販売されるようになった)。

たとえば、米国では、フロリダ州のニュー・パラダイム社（New Paradigm Underwriters, LLC）が、「ハリケーン PM」（Hurricane PM: ParaMetric Supplement Hurricane Insurance）という商品名で、一定の風速をトリガーとするインデックス保険を 2014 年から販売している。なお、同社は保険総代理店（MGA: managing general agent）であり、引受保険者はアリアンツ保険会社（Allianz Underwriters Insurance Company）である。この保険は、従来型の保険においては、免責金額とされている部分や免責物件等を付保対象とする。そして、保険事故のトリガーは、命名された嵐（storm）またはハリケーンついて、予め合意した特定地点における風速が一定以上に達することである。具体的な風速は、ウェザーフロー社（WeatherFlow Inc.）が米国の北東部からテキサス州にかけての海岸沿いに設置した計測器によって自動収集したデータを用いている。風速がトリガーに達すると、数日以内に保険金が支払われるとのことである[275]。

アクサ社（AXA Climate）は、雹（ひょう）損害に関するインデックス保険の販売を 2019 年 6 月に始めたようである。販売対象は、カーディーラー等の事業者である[276]。

またたとえば、欧州では、英国のロイズ・ブローカーである SSL エンデバー社（SSL Endeavour Limited）が、パラメトリック天候保険（Parametric Weather Insurance）について、米国、カナダおよび全世界向けの販売を取り扱っている[277]。

スイス再保険（Swiss Re）は、水位を指標とするインデックス保険を

---

*275　*Ref.*, http://www.npuins.com/products.

*276　*Ref.*, https://www.artemis.bm/news/axa-climate-launches-the-first-ever-parametric-hail-insurance.

*277　*Ref.*, https://www.sslendeavour.com/parametric-weather-insurance.

欧州向けに 2019 年 1 月より販売している[278]。

　こうした自然災害に関するインデックス保険は、農業分野のインデックス保険と同様（前述(a)参照）、賭博保険の可能性が極めて低いと思われ（ただ、ニュー・パラダイム社による「ハリケーン PM」の販売や、SSLエンデバー社によるパラメトリック天候保険の販売において、どの程度に被保険利益の存在を求めているのかは不明であった）、また、Ⅰ類型の一般的な保険商品よりもモラル・ハザードが劇的に低下することから、賭博禁止の観点からもモラル・ハザードの防止の観点からも、緩和した要件C2 および要件 D2 を適用して定額給付を認めることに問題はないので、損害保険契約であるにもかかわらず定額給付が認められていると考えられる。

3．定額給付型の損害保険契約が認められる理論的根拠

　以上のとおり、既に定額給付型の損害保険商品が内外に実在しており[279]、そして、定額給付の程度に応じて、そうした定額給付型の損害保険商品は〔表 2〕のⅡ類型とⅢ類型の 2 種類に分類できる。そして、それぞれの定額給付型の損害保険商品は、通常の損害保険商品（〔表 2〕のⅠ類型）と比較して、少なくとも同程度の賭博禁止およびモラル・ハザードの防止が確保されていることが明らかとなった[280]。

＊278　*Ref.*, https://corporatesolutions.swissre.com/insights/news/flow_new_parametric_water_level_insurance.html. 濱田（2019）16-17 頁参照。

＊279　山下友信（1998）724 頁は、利得禁止原則を厳密に限定する必要は毛頭ないとしつつ、「いかなる意味においても損害てん補としては説明がつかないような保険給付を容認する社会的必要性はないであろう。」と述べ、社会的必要性の有無を、利得禁止原則の緩和を図る場合において緩和の限度を図る一つの規準として用いてよいのではないかと提言する。

　実在しているⅡ類型やⅢ類型の保険商品は、この社会的必要性を充足しているものと考えられよう。なお、この「社会的必要性」とは、田辺教授のいう「厳密な『塡補原則』と迅速な保険保護の付与という二つの要請の調和点」（前掲注＊225 参照）の一つかもしれない。

　ところで、本章の主題は、定額給付型の損害保険契約が、法的に認められるのか、認められるとすると法的にどこまでのものが認められるのか、そして、それは何故なのかを検討することである。定額給付型の損害保険商品において定額給付が認められている理由は上述のとおりそれぞれであるが（前述2参照）、ここで、定額給付型の損害保険商品において定額給付が認められる理由を理論的に整理することにする。

　そもそも、損害保険契約では、利得禁止原則に基づいて損害てん補型給付を行うことが原則とされている（そのため、〔表2〕のⅠ類型の損害保険商品が現実の損害保険商品の大半を占めている）。利得禁止原則の目的が賭博禁止とモラル・ハザードの防止であるとして（前述1参照）、両観点から、損害保険契約において定額給付方式が認められる条件を整理する。すなわち、賭博保険となる惧れがなく、また、モラル・ハザードを少なくともⅠ類型（通常の損害保険契約）と同等以下に抑えることができる条件を検討してみると、次のように考えられる。

（1）賭博禁止の観点

①　「損害額のみなし算定」

　賭博禁止の観点からは、要件A（被保険者に被保険利益があること）、

＊280　田辺（1962）163-171頁は、損害填補原則の例外を、量的例外と質的例外に二分する。量的例外とは、「実際の利益乃至は損害額に近似すると考えられる特定額をもって、保険契約上、保険価額乃至は損害額として取扱（う）」ものである（同論文164頁。具体的な保険商品として、評価済み保険、保険価額不変更主義の保険、新価保険、臨時生計費保険（前掲注＊240参照）を挙げる）。一方、質的例外とは、「被保険利益に損害が生じている蓋然性があるが、それが未だ確定的でない場合、損害発生の確定を待つことなく、それが不確定であるそのままで救済するという保険保護付与の方法」であるとする（同論文165頁。具体的な保険商品や保険制度として、保険代位、保険委付、責任保険における被保険者の責任免脱、抵当保険を挙げる）。

　したがって、一見すると、本章におけるⅡ類型は田辺教授のいう「損害填補原則の量的例外」に、Ⅲ類型は田辺教授のいう「損害填補原則の質的例外」にほぼ相当するものとも思える。しかしながら、新価保険や評価済み保険の取扱いが本書とは異なり（前掲注＊236参照）、また、本書では保険代位や責任保険における保険者免脱等をⅢ類型とは捉えていないなど、田辺教授の立場と本書の立場とは相当に異なるかと思われる。

要件 B（被保険利益について「保険事故」が発生すること）[*281]、および、要件 C1（「保険事故」によって、被保険利益について現実に損害が発生すること）を充足している限り、定額で支払われる保険金の額が、保険事故によって通常発生する損害額を超えない場合には、要件 D2（損害額のみなし算定）を適用したとしても（Ⅱ類型の損害保険契約となる）、賭博保険となる惧れは低い[*282]。

なぜなら、保険事故が発生し、しかも被保険利益について現実に損害が発生しているので、通常発生する損害額が被保険者にも発生していると考えられる。そのため、通常発生する損害額以下の定額給付を受領したとしても、一般的には、被保険者に利得は生じない。もちろん、被保険者の中には、たまたま定額給付額未満の損害しか発生しなかった者もいるかもしれないが、定額給付額と実損害額との差額が極めて大きな金額でない限り、そのような低い将来の可能性に賭けて賭博保険を試みる者はあまり想定できないからである。

たとえば、Ⅱ類型の損害保険契約である、火災保険の臨時費用保険金（前述 2（1）①(a)）、自動車保険の「地震・噴火・津波危険車両全損時一時金特約」（前述 2（1）①(b)）、「フラッドフラッシュ」と称する水災保険（前述 2（1）②(a)）、「ジャンプスタート」と称する地震保険（前述 2（1）②(b)）、「贈るほけん 地震のおまもり」と称する地震保険（前述 2（1）②(c)）がこれにあたる。なお、最後者の保険商品に関しては、定額給付される保険金が少額であることも、賭博保険の防止に寄与している。

②　「損害のみなし発生」および「損害額のみなし算定」

さらに、要件 A（被保険者に被保険利益があること）および要件 B（被保険利益について「保険事故」が発生すること）を充足している限り、保

＊281　大森（1985）66 頁は、被保険利益要件の目的を賭博防止と説明する。
＊282　大森（1985）66-67 頁も、被保険利益が存在し、かつ、支払われる保険金が実際に生じた損害額を超えなければ賭博防止になるとする。

険事故である一定事実の発生に伴って、大概の場合に被保険者に一定の
損害が発生するのであれば、そして、定額で支払われる保険金の額が、
保険事故によって通常発生する損害額を超えない場合には、たとえ要件
D2（損害額の見なし算定）に加えて要件C2（損害のみなし発生）を適用
したとしても（Ⅲ類型の損害保険契約となる）、賭博保険となる惧れは低
いと考えられる。

　なぜなら、保険事故が発生した場合には、ほとんどの被保険者に損害
が発生しているため、そのような被保険者に関しては、通常発生する損
害額以下の定額給付を受けたとしても、一般的には利得は生じない。も
ちろん、被保険者の中には、たまたま損害を被らなかった者もいるかも
しれないが、保険事故が発生したにもかかわらず損害が発生しない可能
性が一定程度あり、かつ、定額給付額が極めて大きな金額でない限り、
そのような将来の低い可能性に賭けて賭博保険を試みる者はあまり想定
できないからである。

　たとえば、Ⅲ類型の損害保険契約である、自動車保険の対人臨時費用
保険金（前述2（2）①(a)）、火災保険の失火見舞費用保険金（前述2（2）
①(b)）、農業分野のインデックス保険（前述2（2）②(a)）、航空機遅延保
険（前述2（2）②(b)）、自然災害に関するインデックス保険（前述2（2）
②(c)）がこれにあたる。なお、対人臨時費用保険金および航空機遅延保
険については、定額給付される保険金が少額であることも、賭博保険の
防止に寄与している。

（2）モラル・ハザード防止の観点

　損害保険契約において、モラル・ハザード防止のために、どこまで厳
格な利得禁止原則の適用が求められるかが要点である。

　そこで考えるに、厳格な利得禁止原則を適用しないとモラル・ハザー
ドを有効に防止できない場合には、要件C1および要件D1を適用すべ

きである。一方、緩やかな利得禁止原則を適用したとしても、モラル・ハザードを有効に防止できたり、Ⅰ類型と同程度のモラル・ハザード発生にとどまったりするのであれば、要件 C2 や要件 D2 を適用できる可能性があると考えられる（モラル・ハザード防止の程度次第では、要件 D2 の適用は認められても、要件 C2 の適用は認められないこともあり得よう）。

こうした考え方が妥当であるとすると、次に、緩やかな利得禁止原則を適用したとしても、モラル・ハザードを有効に防止できたり、Ⅰ類型と同程度のモラル・ハザード発生にとどまったりするのはいかなる場合であるかを類型的に整理する必要がある。そこで、緩やかな利得禁止原則（要件 C2 や要件 D2）を適用することによって、モラル・ハザードの発生度合いがどのように変化するかを検討することになる。

ところで、モラル・ハザードは、大別すると、事故便乗型（捏造請求型および過大請求型）および事故偽装型（架空事故型および事故招致型）に分類できる[283]。そこで、それぞれのモラル・ハザードの防止に分けて検討する。

① 事故便乗型のモラル・ハザードの防止

Ⅰ類型の損害保険契約では、事故便乗型のモラル・ハザードが相当数発生していると推測される。けれども、定額給付型の損害保険契約においては（Ⅱ類型やⅢ類型）、保険給付は損害額のみなし算定（要件 D2）によって定額給付を行うことになるので、基本的には事故便乗型のモラル・ハザードはあり得ない。いくら実損額を捏造したり、過大に請求したりしたとしても、支払保険金は変化しないからである。

したがって、事故便乗型のモラル・ハザードに関しては、定額給付型損害保険商品（Ⅱ類型およびⅢ類型）の方が、実損害を算定して保険給付を行う損害保険商品（Ⅰ類型）よりも、モラル・ハザード発生の可能

[283] 日本損害保険協会（2018）16-17頁参照。なお、同文献では、事故偽装型のうちの事故招致型について、事故作出型と呼んでいる。

性が圧倒的に低くなる（より正確には、Ⅱ類型やⅢ類型では事故便乗型のモラル・ハザードは皆無となる）。まずは、この点を留意すべきである。

②　事故偽装型のモラル・ハザードの防止

次に、事故偽装型（架空事故型と事故招致型）のモラル・ハザードを検討すると次のとおりである。

第1に、保険事故について、保険契約者が、架空事故を作出したり、現実の事故を意図的に招致したりすることができないのであれば、モラル・ハザードの懸念はない。たとえば、地震のような自然現象であれば、客観的に観察できるので架空事故の作出は困難であるし、また、意図的に事故を招致することもできない。

具体例としては、「地震・噴火・津波危険車両全損時一時金特約」（前述2（1）①(b)）、「フラッドフラッシュ」と称する水災保険（前述2（1）②(a)）、「ジャンプスタート」と称する地震保険（前述2（1）②(b)）、「贈るほけん 地震のおまもり」と称する地震保険（前述2（1）②(c)）、農業分野のインデックス保険（前述2（2）②(a)）、自然災害に関するインデックス保険（前述2（2）②(c)）がこれにあたる。なお、「フラッドフラッシュ」と称する水災保険では、それぞれの保険の目的物たる建物に設置された水位計の数値で保険事故発生の有無を判断するため、架空事故（たとえば、水害が発生したものの所定の水位に達しなかった場合に、被保険者が水位計を操作して所定水位に達したと見せかけるモラル・ハザード）が考えられないわけではないが、周辺の水災被害の状況や、水位計に埋め込まれた仕組み等によって、モラル・ハザードであることが露見する蓋然性が高いと思われる。

第2に、保険事故について、保険契約者が、架空事故を作出することはできないものの、現実の事故を意図的に招致することができる場合であっても、そのような事故招致を行うことに合理性が全くないような場合には、事故偽装型のモラル・ハザードの懸念はないので、要件C2や

要件 D2 を適用することが可能である。

　たとえば、自動車保険の対人臨時費用保険金（前述 2（2）①(a)）がこれにあたる。対人臨時費用保険金は、対人賠償保険に完全に連動しており、しかも、対人死亡事故のみが保険事故となり、定額給付される保険金も死亡被害者 1 名あたり 15 万円と少額である。そのため、対人臨時費用保険金を不正取得するがために、わざわざ対人死亡事故を招致する合理性はない。また、対人死亡事故については必ず警察の捜査対象となるので、架空事故を作出することは事実上不可能である。火災保険の失火見舞費用保険金（前述 2（2）①(b)）も同様である。

　またたとえば、航空機遅延保険（前述 2（2）②(b)）がこれにあたる。航空機遅延保険の保険事故は、被保険者の搭乗機または搭乗予定機の欠航・到着地変更・一定時間以上の遅延であるが、被保険者が意図的に保険事故を招致できる可能性がたとえあるとしても、それによって入手できる保険金が僅かな金額であるので、そのような事故招致を起こす可能性は極めて低い（さらに、航空機を欠航・到着地変更・一定時間以上の遅延に至らしめるような行為は、刑罰等の対象となる可能性があり、そのことも考慮すると意図的な事故招致は考えにくい）。また、航空機の運航情報は客観的に把握されているので、架空事故を作出することは事実上不可能である。

　第 3 に、保険事故について、保険契約者が、架空事故を作出したり、現実の事故を意図的に招致したりすることができる場合であっても、そのような偽装事故型のモラル・ハザードを行うこと蓋然性が、通常の損害保険契約（Ⅰ類型の損害保険契約）と同程度である場合には、要件 D2 を適用できる可能である（ただし、そのような場合であっても、要件 C2 を適用すると、Ⅰ類型と同程度以上に偽装事故型のモラル・ハザードが発生する蓋然性が高まると考えられる場合には、要件 C2 を適用することは困難であると思われる）。

　たとえば、火災保険の臨時費用保険金（前述2（1）①(a)）がこれにあたる。火災保険の臨時費用保険金は、火災保険の損害保険金に完全に連動しており（損害保険金の一定割合（たとえば、30％）が臨時費用保険金の額となる。ただし、臨時費用保険金独自の限度額がある（たとえば、住宅物件では100万円））、定額給付される保険金は火災等の保険事故発生時に必要となる費用を超えないと考えられる金額である。そのため、火災保険の臨時費用保険金を不正取得するがために、火災等の保険事故を招致する合理性はない。ただし、損害保険金を取得するがために事故招致を行う蓋然性はあり、そのような事故招致が行われた場合には、付随的に臨時費用保険金についても不正取得されることになる。しかしながら、臨時費用保険金として支払われる金額は、一般的に保険事故発生時に必要となる費用の額を超えないので、臨時費用保険金に関する事故招致の可能性はⅠ類型である火災保険の損害保険金における可能性と基本的に同じである（保険事故招致の確率が著しく高まるわけではない）。

　また、火災保険の保険事故は、保険事故の発生や被害状況が客観的に確認できるものが多いため（たとえば、火災事故、風災事故）、架空事故を作出することは困難が伴う。ただし、担保危険によっては（たとえば、通貨等や預貯金証書以外の盗難）、保険事故の発生や被害状況を客観的に確認できない場合もあるものの、臨時費用保険金として支払われる金額は、一般的に保険事故発生時に必要となる費用の額を超えないので、臨時費用保険金に関する架空事故の可能性は、Ⅰ類型である火災保険の損害保険金における可能性と基本的に同じである。

4. 小　括

　本章では、まず、定額給付型の損害保険契約には、〔表2〕のⅡ類型（損害額のみなし算定を行う損害保険契約）と、〔表2〕のⅢ類型（損害のみ

なし発生および損害額のみなし算定を行う損害保険契約）の2種類がある
ことを示すとともに（前述1）、内外に実在する定額給付型の損害保険商
品を分析したところ、両類型に分類できることが確認できた（前述2）。

　そして、こうした定額給付型の損害保険契約は、損害保険契約に求めら
れると一般に考えられている強行的な利得禁止原則について、厳格な
利得禁止原則ではなく、損害額のみなし算定や損害のみなし発生といっ
た緩やかな利得禁止原則が適用されていると考えられる。そこで、なぜ
緩やかな利得禁止原則が適用されて定額給付が認められているかを、利
得禁止原則の目的とされる賭博禁止およびモラル・ハザードの防止の観
点から、実在する個々の定額給付型の損害保険商品について検討したう
えで（前述2）、理論的根拠を整理した。

　その結果、緩やかな利得禁止原則の適用が認められる条件は次のよう
に考えられる。すなわち、賭博禁止の観点からは、被保険者に被保険利
益があり（要件A）、かつ、被保険利益について保険事故が発生するこ
と（要件B）という両要件の充足が必須とされる限り、定額で支払われ
る保険金の額が保険事故によって通常発生する損害額を超えないのであ
れば、損害額の算定について緩やかな利得禁止原則を適用することがで
きるし（要件D2）、さらに、大概の場合に被保険者に一定の損害が発生
するのであれば、損害の発生についても緩やかな利得禁止原則を適用す
ることができる（要件C2）と考えられる（前述3（1））。

　そして、モラル・ハザード防止の観点からは、第1に、事故便乗型の
モラル・ハザードは、損害額のみなし算定（要件D2）を行う定額給付
（Ⅱ類型およびⅢ類型）では全く発生しない。したがって、少なくとも事
故便乗型のモラル・ハザードに関しては、むしろ定額給付型の損害保険
契約の方がモラル・ハザード防止に効果的である。第2に、事故偽装型
のモラル・ハザード（架空事故や事故招致）は、自然災害のように、架
空事故を作出したり、現実の事故を意図的に招致したりすることができ

ない場合には、モラル・ハザードは発生しないので緩やかな利得禁止原則（要件 C2 および要件 D2）を適用することが可能である。また、仮に事故招致が可能だとしても事故招致を行うことに合理性がない場合にも、モラル・ハザードはほとんど発生しないので、緩やかな利得禁止原則（要件 C2 および要件 D2）を適用することができる。さらに、Ⅰ類型と同程度にしかモラル・ハザードが発生しない場合には、損害額のみなし算定（要件 D2 ）については適用することができると考えられる（以上、前述 3（2））。

　このように、一定の条件を充たせば、定額給付型の損害保険契約も有効であると考えられる。すなわち、たとえ損害保険契約に強行的な利得禁止原則が適用されるとしても、緩やかな利得禁止原則が認められる一定の条件を充たせば、賭博禁止やモラル・ハザード防止の観点における問題はない（あるいは、モラル・ハザードについてはⅠ類型と同等以下の問題しか生じない）ため[284]、Ⅱ類型（損害額のみなし算定）の定額給付型損害保険についても、Ⅲ類型（損害のみなし発生および損害額のみなし算定）の定額給付型損害保険についても、損害保険契約としての法的性質を有するものと考えられる[285]。

　そうであるとすると、Ⅲ類型に該当するようなインデックス保険については、日本においても、緩やかな利得禁止原則が認められる一定の条

---

[284]　なお、本章では一般の倫理観に反しないか否かの論点については特に検討しなかったが（洲崎（1991）（2完）28-29 頁は、賭博禁止に替えて、一般の倫理観に反する結果が生ずるのを防ぐことを強行的に求める。そして、保険契約・保険事故によって利得が生じないようにすることが保険制度の一般的信用を維持することにつながるとする）、具体例として取り上げたⅡ類型やⅢ類型の保険商品は、一般の倫理観に反しないと考えられる。また、新たにⅡ類型やⅢ類型の保険商品を開発するにあたっては、当然のことながら、一般の倫理観に反しないものとすべきであろう。

[285]　定額給付型の損害保険契約を認めた場合に、生命保険契約や傷害疾病定額保険契約との決定的な相違として残るのは、要件 A、および、要件 D2 が認められる条件（すなわち、少なくとも保険金として支払われる一定額以上の損害額が一般的に発生していると考えられること）になろうかと思われる。

件を充たせば、損害保険契約として正面から認めてよいと考えられる
（換言すると、Ⅲ類型のインデックス保険であっても、緩やかな利得禁止原
則が認められる一定の条件を充たさないものは、損害保険契約とは認められ
ない）。ところで、現在の日本においては、インデックス保険に相当す
るリスク移転商品を、保険商品としては組成できないとの考え方もある
ためであろうか[*286]、保険商品としてではなく、金融商品である保険デ
リバティブとして販売している[*287]。けれども、販売しているのは保険
会社であり[*288]、保険デリバティブを購入する契約者としては、保険契
約との相違（たとえば、保険法において片面的強行規定として規律されてい
る告知義務規整等々が保険デリバティブには適用されない）を明確に認識
していない可能性がある。また、保険業法に基づく保険契約者保護規制
が適用されない。Ⅲ類型の保険商品に相当する保険デリバティブを否定
するものではないが[*289]、購入する契約者のことを考えると、保険業法
の保険契約者保護規制が適用され[*290]、また、保険法の規律が適用され
るべく、むしろ保険商品として販売された方がよいように思われる。さ
らに、保険商品として販売されれば、特に自然災害など迅速な保険金支
払が求められる保険商品の普及が進み、災害時の早期復旧に資すること
になると考えられる（一方、デリバティブのままであると、保険契約者

＊286　前掲注＊229 参照。近時の学説においても、たとえば星野（2018）は、損害額の給付審査を
　　　保険会社が行うものでないと保険商品とは認めないようである。
＊287　たとえば、損害保険ジャパン日本興亜（2016）6 頁参照。また、服部（2018）1 頁の脚注エリ
　　　アにおける注記も、そうした趣旨かもしれない。
＊288　たとえば、仙台高判平成 25 年 9 月 20 日・金融・商事判例 1431 号 39 頁（原審：仙台地判平
　　　成 25 年 4 月 11 日・金融・商事判例 1431 号 43 頁）では東日本大震災（東北地方太平洋沖地震）
　　　が契約していた地震デリバティブのトリガーに該当するか否かが争われたが、当該地震デリバ
　　　ティブの引受者は損害保険会社であった。
＊289　一方、Ⅰ類型の保険商品に相当する保険デリバティブは、あえて認める必要はないであろう。
　　　吉澤（2001b）参照。
＊290　店頭保険デリバティブ全般について保険と同様の規制下に置くことを、既に吉澤（2002）
　　　126-127 で提唱したところである。また、小澤ほか（1999）46 頁参照。

（特に、消費者）は購入を躊躇しがちであるし、また、十分な販売力に欠けるため、普及が進んでいないのが実状である）。

　なお、本書執筆中に、東京海上日動火災保険が震度連動型地震諸費用保険を 2020 年 8 月頃に発売すると発表した（前述第 1 章 9（2）参照）。これは、地震の震度に基づく Ⅲ 類型（損害のみなし発生および損害額のみなし算定）の定額給付型損害保険であるが、本章で検討したとおり、適法な保険商品であると考えられる。

第4章 保険会社による情報の大量収集
―「逆転した情報の非対称性」―

　Iot（Internet of Things）の進展（前述第1章8参照）等により、今後、特別な規制が設けられない限り、保険者は、保険契約者や被保険者や保険の目的物（以下、保険契約者等という）に関する情報を大量に取得し、かつ、当該情報を保険引受に活用するようになるのは間違いない。保険者が取得する保険契約者等に関する情報には多様なものがあり、情報の全てがただちに保険引受に利用されるわけではない（活用された場合には、当該情報を「リスク情報」と呼ぶことも可能であろう）。たとえば、自動車保険の被保険自動車がコネクテッドカーであるとすると、被保険自動車の運転操作に関する情報は、安全運転の性行を示すものとして、保険引受に活用されるかもしれない（したがって、当該情報はリスク情報であるということもできる）。一方、被保険自動車が走行した場所に関する位置情報は、現時点では保険引受に利用されていないかもしれないが（したがって、現時点では当該情報はリスク情報には該当しないが、潜在的なリスク情報ということもできる）、将来的には、地域別料率を適用するための情報として活用されるかもしれない（その場合には、当該情報はリスク情報となる）。

　こうして、インシュアテックの進展により、将来的には、一部の保険商品に関して、保険契約者等に関する情報を保険者が大量に収集し、収集した情報の一部をリスク情報として保険引受に活用していくようになるであろう。そのような場合には、もはや保険契約者等に関するリスク情報は保険契約者側に偏在しているものではなく、保険契約者側と保険者側の双方がリスク情報を保有している[291]、あるいは、むしろ保険者側に偏在している状況が生じることになる。けれども、現行の保険法は、

保険契約者側に保険契約者等に関するリスク情報が偏在していること（経済学では、情報の非対称性（informational asymmetry）と呼ばれている*292）を前提として構築されている。そのため、逆の状況、すなわち、保険契約者等に関するリスク情報が保険者側に偏在する状況（筆者は、このような状況を「逆転した情報の非対称性」（adverse informational asymmetry）と称している*293）において、現行保険法の規律が適切に適用され得るのか、適切に適用されるにはどのような解釈上の工夫が必要なのか、仮に適切に適用されることが困難であるとするとどのような立法論があり得るのかについて、本章で検討する。

　以下では、まずは通常の保険引受方法、すなわち、保険契約締結時（正確には、保険契約締結時以前。以下、同じ）における保険契約者等に関するリスク情報に基づいて、保険者が保険引受の可否を判断し、保険料設定を行うことを前提として、「逆転した情報の非対称性」下における告知義務規整（次述1）、危険増加規整（後述2）、危険減少規整（後述3）について検討を行う。次に、新しい保険引受方法、すなわち、保険引受（および、当初の保険料設定）は保険契約締結時における保険契約者等に関するリスク情報に基づいて行うが、その後の保険期間中の保険料に関しては、保険期間開始後における保険契約者等に関するリスク情報に基づいて設定する方法について検討を行い（後述4）、最後に本章を総括す

＊291　たとえ保険契約者側と保険者側とで、当該保険契約者に関して保有しているリスク情報が同一であるとしても、保険契約者は、日本全体または保険群団における自身の相対的な位置づけは分からない。また、個々の保険契約者等に関する情報（たとえば、運転中の個々の運転操作の内容）を両者が保有しているとしても、当該情報を分析する能力がなければリスク情報として活用することができないので、保険契約者は保有情報を自身で活用することが難しい。

＊292　保険経済学では、保険は情報が偏在する典型的な市場であるとして経済分析の対象とされてきた。そして、そこで言う「情報の偏在」とは、リスク情報が保険契約者側に偏在しているという状況である。けれども、本文で述べたように、インシュアテックの進展によって、むしろ保険者側にリスク情報が偏在する状況が生まれつつある。したがって、保険経済学には、そのような状況下における経済分析が求められていると言えるかもしれない。

＊293　吉澤（2019）130頁参照。

る（後述5）。

1. 告知義務規整

（1）「逆転した情報の非対称性」下における告知

　告知義務制度は、保険契約者等に関するリスク情報が保険契約者側に偏在していることを前提とする法制度である。すなわち、保険契約者側に保険契約者等に関するリスク情報が偏在し、保険者が当該リスク情報に基づいて保険引受を行う場合には、保険契約者側に当該リスク情報を開示してもらう必要がある。保険契約者等に関するリスク情報が保険契約者側に偏在しているにもかかわらず、保険者が当該リスク情報の開示を求めずに保険引受を行うと、リスクの高い保険契約者による逆選択（adverse selection）が行われ、やがて保険制度が崩壊してしまう惧れがあるからである。

　そのため、保険契約者が保険者に対して、保険契約者等に関するリスク情報の開示（告知）を保険約款等で義務づけることになるが（告知義務）[294]、保険契約者は告知をしないかもしれないし（不告知）、虚偽の告知をするかもしれない（虚偽告知）。そこで、そうした不告知や虚偽告知に対する制裁を用意することによって、真実の告知がなされることを保険会社は確保しようとする。ただし、消費者向けの保険契約に関しては、片面的強行規定として（保険法7条、33条、41条、65条、70条、94条）、保険法が告知義務の内容（保険法4条、37条、66条）や告知義務違反に対する制裁（保険法28条、31条、55条、59条、84条、88条）

---

[294]　たとえば、山下友信（2018）403頁では、「生命保険・損害保険とも新契約の締結の場合に告知を要することは当然である。」と述べられている。けれども、それは、従前のようにリスク情報が保険契約者側に偏在することを前提とする考え方であることがNaylor（2017）p. 272で指摘されている。

を規定しているので、当該規整に従う必要がある。

　ところで、インシュアテックが進展すると、上述のとおり、保険契約者等に関するリスク情報が保険契約者側に偏在するのではなく、逆に、保険者側に偏在する状況が多々、生じることになる（「逆転した情報の非対称性」）。たとえば、損害保険会社は、車載情報機器を搭載したコネクテッドカーである被保険自動車から刻々と送信される運転情報や運行情報を蓄積していき*295、当該データを用いて、翌年度の自動車保険の保険料を算出することになるであろう。またたとえば、生命保険会社や損害保険会社は、被保険者に装着されたウェアラブル端末から刻々と送信される身体情報を蓄積していき、当該データを用いて、翌年度の医療保険等の保険料を算出することになるであろう。

　けれども、保険会社に送信されてくるデータは真実の姿を反映していないかもしれない。たとえば、保険契約者等が送信データを削除したり改竄したりする可能性がある。またたとえば、保険契約者等がデータ送信を、一時的に（たとえば、自動車保険に関しては、飲酒運転中や無謀運転中。医療保険等に関しては、暴飲暴食中やその直後）、意図的に停止する可能性がある。このような場合に、送信されたデータを基に保険料算出を行うと、保険会社としては不当に低い保険料で保険引受を行うことになってしまう。そのため、送信データの真実性確保および網羅性確保のため、少なくとも保険契約者等による意図的なデータ削除・改竄やデータ送信停止等に対する制裁を用意する必要がある。

　ところが、上述のとおり、現行保険法の告知義務制度は、保険契約者

---

*295　実際にも、損害保険会社は自動車保険の保険契約者に通信型ドライブレコーダーを提供し、被保険自動車の運行情報をリアルタイムに取得している。たとえば、三井住友海上火災保険・あいおいニッセイ同和損保「〜テレマティクス技術を活用した安全運転のサポート〜　『見守るクルマの保険（ドラレコ型）』の開発について」2018年8月30日ニュースリリース参照。https://www.ms-ins.com/news/fy2018/pdf/0830_1.pdf. なお、損害保険会社によるドライブレコーダー型のテレマティクス端末の普及について前述第1章8参照。

等に関するリスク情報が保険契約者側に偏在している状況を前提としており、かつ、消費者向け保険に関しては当該規整が片面的強行規定とされている。そのため、法改正をしない限り、保険契約者等に関するリスク情報が保険会社側に偏在する場合にも不正行為に対して制裁を課すには、保険会社としては、現行保険法に従って、告知を求めたり、告知義務違反に対する制裁を科したりせざるを得ないかと思われる。

　そうであるとすると、被保険自動車やウェアラブル端末等から送信されて保険会社が保有している保険契約者等に関するリスク情報のうち、保険会社が保険引受時の「危険」（保険法4条、37条、66条）測定に用いるものについては、保険契約締結時に、改めて保険契約者から保険会社に告知してもらう必要があるかもしれない（「告知事項」（保険法4条、37条、66条）でないと、告知義務違反の制裁を課すことができない。保険法28条、31条、55条、59条、84条、88条）。つまり、保険会社は、保険契約締結時に、当該データを一旦、保険契約者に開示または提供し、保険契約者が当該データ内容を確認のうえ、当該データを改めて保険契約者から保険会社に提供する、または、当該データを「告知事項」とすることに同意する手続が必要となろう。

（2）「逆転した情報の非対称性」下における告知の問題点

　「逆転した情報の非対称性」下においては、上述のようにして告知を行うとしても、以下のような論点が考えられる。

　第1に、そもそも、保険法の下において、保険者がIoTで収集した保険契約者等に関する情報のうち、保険会社が保険引受時の「危険」測定に用いるもの（すなわち、保険契約者等に関するリスク情報）について、保険契約締結時に、保険者が保険契約者に当該リスク情報を一旦、開示または提供したうえで、改めて保険契約者から保険者に告知してもらう方式が認められるか否かの問題がある。なぜなら、上述のとおり、保険

法は、保険契約者等に関するリスク情報が保険契約者側に偏在している状況を前提としており、当該リスク情報が保険会社側に偏在している状況を前提としていないからである。

　管見としては、保険法の前提状況と異なるものの、告知義務規整は片面的強行規定であるので、現行法に従って告知を求め、告知義務違反に対して制裁を科すのであれば、上述のような方法を採らざるを得ないと思われる[*296]。

　ただ、立法論としては、「逆転した情報の非対称性」が認められる、保険契約者等に関するリスク情報については、何らかの法改正が必要かもしれない。たとえば、保険者が予め（すなわち、保険契約締結の際（保険法4条、37条、66条）より前の段階で）、保険者が同意を得て保険契約者側から取得しているリスク情報を用いて保険引受の全部または一部を行うことに関して、みなし告知制度を創設して告知義務規整に取り込んだり、告知義務規整とは別の規律を新たに設けたりすることが考えられる。

　第2に、仮に第1の問題について現行法で対応するとしても、保険者から開示または提供された、保険契約者等に関するリスク情報である膨大なデータを、保険契約者が一体どのように確認するのかが問題となる。保険契約者が保険者等のウェブサイト経由で自身のデータにアクセスできるようにしておくことも一法である。けれども、データ量は膨大であるから、保険者から開示または提供されたデータを保険契約者が逐一確認することは現実的ではない（実務的には、保険会社は単に生のデータを開示するだけでなく、分析ツールを併せて提供したり、分析ツールを用いて分析した結果も併せて提供したりすることになるのかもしれない）。また、

[*296]　告知義務制度は別の規律を保険約款で設けることも可能である。けれども、保険法の告知義務規整の脱法行為だとの誹りを受ける惧れがあるとすれば、そのような不安定な約款上の規律よりも、現行法に則った告知義務規整を活用する方に保険実務（や規制当局）は傾くかもしれない。

そもそもウェブサイトに容易にアクセスできる環境にない保険契約者が、いかに自身のデータを確認するのかという問題もある（実務的には、保険募集人が持参する携帯型パソコン等に表示して、保険契約者に確認してもらうのかもしれない）[*297]。こうした問題は、行政の監督の下、実務的に解決することになろう。

第3に、告知義務違反の制裁を課すには、保険契約者等が故意または重過失で、告知事項について不告知または虚偽告知をしたことが要件となる。ここで、現行法下で告知を行う場合、すなわち、保険契約者等に関する膨大なリスク情報を保険者が収集したうえで、保険契約締結時に当該リスク情報を保険契約者に開示または提供のうえ、保険契約者が当該リスク情報を改めて保険者に提供したり、当該リスク情報を「告知事項」とすることに同意したりする場合において、告知義務違反となる保険契約者等の故意・重過失とはどういう場合を指すのかが問題となる。

そこで考えるに、保険契約者等が、保険者が収集する保険契約者等に関するリスク情報を意図的に改竄したり、保険者への当該リスク情報の提供を意図的に中断・停止したりした場合には故意が認められよう。また、保険者への当該リスク情報の提供の中断や停止について保険契約者等に重過失があった場合にも、重過失が認められよう。けれども、保険契約者が告知の際に確認すべき当該リスク情報のデータ量は膨大であるから、保険者が保険契約者に開示または提供したリスク情報に、何らかの事情で不正確な情報が混入していたり、一部の情報が欠けていたりし

[*297] インシュアテック全般に関する問題点であるが、インシュアテックは新しい情報通信技術を用いている。そのため、新しい情報通信技術に親しんでいる世代で、かつ、必要とされる情報通信に容易にアクセスできる者がターゲットとされている。特定の顧客層のみを対象とした保険商品であれば構わないかもしれないが、全ての顧客層を対象とするインシュアテック（たとえば、情報弱者も保険契約者となっている保険商品に関する保険金支払等におけるインシュアテック）に関しては、新しい情報通信技術に疎い高齢者等の情報弱者に対する配慮が不可欠である。すなわち、情報弱者でも利用可能な情報通信技術を利用したり、情報弱者が別の方法で対応できる手段を確保したりしておく必要がある。

たとしても、保険契約者がそのことに気づかないことも十分に考えられる。そのような場合に、保険者が開示または提供したとおりに保険契約者が告知したとしても、保険契約者の故意・重過失を認定するのは困難であろう。

第4に、保険契約者等の故意または重過失による告知義務違反が認められた場合には、保険会社に契約解除権が発生する（保険法28条1項、55条1項、84条1項）。けれども、告知義務違反の対象となるリスク情報の内容次第では、解除権の代わりに、既経過期間についての保険料差額請求権および未経過期間についての保険料変更権を保険者に認めてもよいかもしれない[*298]。

このような保険料差額請求権および保険料変更権を消費者向け保険商品の保険約款で規定したとしても、以下の理由により、保険法の片面的強行規定には反しないと考えられる。

一つには、契約解除権行使と比較すると、保険契約者には、当該保険契約を維持できる利点があるからである。もし、当該保険契約が解除されると、新たに保険契約に加入しようとしても、同様の保険契約に同様の契約条件では加入できない惧れがある。

二つには、当該保険契約者について、告知義務違反による解除歴が残らないことになるからである。もし、保険者が契約解除権を行使すると告知義務違反による解除歴が残ることになるが、（告知義務違反に基づく）保険者による解除歴のある保険契約者については[*299]、保険者は保険引受を拒んだり、保険引受に慎重な態度をとる可能性がある。

三つには、保険料が高くなるため当該保険契約の継続を望まない場合

---

*298　なお、この論点（告知義務違反に対する制裁のあり方）は、本章が問題としている「逆転した情報の非対称性」が存在する場合に限定されない。

*299　なお、解除歴（あるいは、告知義務違反に基づく解除歴）の有無は、保険契約締結時に告知事項として告知を求められることがあろう。

には、保険契約者は任意解除権を行使すればよいからである（保険法27条、54条、83条）。任意解除権の行使によって、保険会社が告知義務違反による解除権を行使した場合と同様に、将来の保険料支払義務を免れることができる。なお、任意解除権を行使したとしても、既経過期間の差額保険料の支払義務は残ることになる。けれども、既経過期間については補償や保障を得ていたのであり（ただし、満額の保険給付ではなく、プロラタ主義に基づく保険給付がなされることになろう[300]）、また、そもそも保険契約者等の故意または重過失によって、不当に、本来の保険料よりも安価な保険料を支払っていただけであるので、保険会社が差額の精算を求めることに合理性があると考えられる[301]（もし、既経過期間の差額保険料を精算しないままプロラタ方式で保険給付を行うと、保険契約者としては、正しい告知をしても、しなくても、保険料に見合った保険給付が得られることになるので、むしろ告知義務違反を助長することになってしまうからである）。

2. 危険増加規整

（1）「逆転した情報の非対称性」下における危険増加通知

危険増加に関する保険法の規整も、告知義務に関する規整と同様に、保険契約者等に関するリスク情報が保険契約者側に偏在していることを前提としている。そのため、告知事項のうち通知義務が保険約款で予め

---

[300] 告知義務違反に対する制裁として、解除権を認めない代わりに、保険料差額請求権および保険料変更権を保険会社に認める場合には、併せて、保険事故発生時におけるプロ・ラタ主義に基づく保険給付を保険約款で規定することになろう。なお、故意・重過失による告知義務違反に対する制裁としてプロ・ラタ主義による保険給付を行うことを保険約款で規定した場合に、当該約款条項が片面的強行規定に反しないことについて木下（2009）49-50頁参照。

[301] 告知義務違反時に、解除権を行使しない代わりに、既経過期間の差額保険料を保険会社が請求することを保険会社は要望している。山下友信ほか（2018）29頁〔遠山優治発言〕参照。

定められた事項について、保険契約者等に通知義務が課されている。そして、この通知義務に違反すると制裁が保険約款で用意されている。なお、保険法では、危険増加によって、引き続き保険者としては保険引受が可能であるが、追加保険料の支払が必要となる場合（以下、一定の危険増加という）に関してのみ、規律が設けられている（保険法 29 条、56 条、85 条。なお、この規律は消費者向け保険契約に関しては片面的強行規定である。保険法 33 条、65 条、94 条）。

ところが、インシュアテックが進展すると、上述のとおり、保険契約者等に関するリスク情報が保険契約者側に偏在するのではなく、逆に、保険者側に偏在する状況が多々、生じることになる。そのような状況下において、保険契約者が危険増加の通知義務をいかに果たすべきかが問われることになる。

（2）「逆転した情報の非対称性」下における危険増加通知の問題点

「逆転した情報の非対称性」下においては、危険増加の通知に関して、以下のような論点が考えられる。

第 1 に、保険契約者に通知義務が課されている場合、保険契約者から保険者へのリスク情報の逐次の自動送信をもって、危険増加の通知義務（保険約款の規定による[302]）を果たしたことになるかどうかが問題となる[303]。一般に、危険増加の通知は、保険者が用意した書式に保険契約者が記入のうえ提出することで行われているからである[304]。

具体的には、コネクテッドカーから送信された前保険期間中の運行

---

[302]　なお、一定の危険増加時の通知義務違反に対する制裁に関しては保険法にも規定があるが（保険法 29 条 1 項 1 号、56 条 1 項 1 号、85 条 1 項 1 号）、そこでは、告知事項のうち保険約款等で通知義務が課された事項のみが通知事項となることが規定されている。

[303]　この点を指摘するものとして、Koezuka (2020) pp. 157-158 参照。

[304]　たとえば、損害保険料率算出機構「自動車保険標準約款」（2017 年 5 月。以下、自動車保険標準約款という）の自動車保険普通保険約款第 6 章基本条項 5 条参照。

データを基に保険者が自動車保険契約の引受を行い、かつ、当該データについて保険契約者に確認してもらったうえで告知を受けた場合を想定する（前述1（1）参照）。そして、その後の保険期間中に、被保険自動車から逐次送信されるデータによると、保険引受の前提とした危険が高くなり、追加保険料の支払が必要となった場合に、保険契約者として改めて危険増加の通知を行う必要あるのか、それとも、運行データの自動送信によって通知義務を果たしたことになるのかが一応問題となる。この論点に関しては、もし保険者として、そのような場合に追加保険料の支払を求めるのであれば、保険契約者から保険者へのリスク情報の自動送信をもって、一定の危険増加における通知義務（保険法29条1項1号、56条1項1号、85条1項1号）の履行とみなす旨の約款条項を置くなどして、保険約款で適切に対応すれば済むように思われる。

　第2に、仮に上述のとおり、保険者へのリスク情報の自動送信によって通知義務を果たしたことになるとした場合、もし、何らかの方法で保険契約者がリスク情報の自動送信を停止したり中断したりした場合には、故意または重過失による通知義務違反（保険法29条1項2号、56条1項2号、85条1項2号）に該当すると捉えてよいか否かが問題となる。もちろん、事情次第ではあるが、保険者へのリスク情報の自動送信をもって通知義務を果たしたとみなす以上、保険契約者がそれを妨げる行為をした場合には、基本的には、故意または重過失が認められよう。

　第3に、コネクテッドカーである被保険自動車を買い替えたが、新しい自動車がコネクテッドカーではなかった場合には、運転操作情報の自動送信はなされない。この場合、車両買い替えが故意・重過失による通知義務違反に該当するか否かが一応は問題となる。また、こうした場合に通知義務違反を問うことは妥当ではないとすると、保険者としては、危険増加の可能性に対してどのように対処すべきかが問題となる。

　たとえば、前保険期間中の運転情報によると運転操作が良好であった

ことから、現保険契約の引受において優良運転者として保険料を割り引いたものの、保険契約者が保険期間の中途でコネクテッドカーでない自動車に買い替えるとともに、自動車保険契約について車両入替手続を行った。ところで、新規取得自動車はスポーツカーであったためか、保険契約者の運転操作が荒っぽいものとなった。けれども、コネクテッドカーではないので運転操作情報が保険者に送信されず、保険者としては危険が増加したことに気づかない。また、保険契約者としても、運転が荒くなったことについて自覚がないとすれば、保険者への通知を期待することはできないし、仮に自覚があるとしても、定量的に危険の増加を計測することはできないので、通知すべき内容が定まらない。

このような場合には危険増加の通知義務違反を問えないと考えられる。そうであるとすると、保険者としては、自動車保険契約の車両入替手続時に、新規取得自動車がコネクテッドカーでない場合には、残保険期間について、当該車種の平均的な保険料率を適用するほかないかもしれない。

3．危険減少規整

（1）「逆転した情報の非対称性」下における保険料減額請求

危険の減少に関する保険法の規整も、告知義務に関する規整と同様に、保険契約者等に関するリスク情報が保険契約者側に偏在していることを前提としている。そのため、危険が著しく減少した場合には、保険契約者は保険者に対して、将来に向かっての保険料減額を請求することができるとの規定が保険法に置かれている（保険法11条、48条、77条）。換言すると、危険減少に伴って保険料を減額してもらうには、保険契約者自身が、保険会社に対して保険料減額の請求を行わなければならない。なお、この規律は消費者向け保険契約に関しては片面的強行規定である

（保険法12条、49条、78条）。

　ところが、インシュアテックが進展すると、上述のとおり、保険契約者等に関するリスク情報が保険契約者側に偏在するのではなく、逆に、保険者側に偏在する状況が多々、生じることになる。したがって、こうした状況下において、保険契約者が危険の減少に伴う保険料減額請求を現実に、適時かつ適切に行えるか否かが問われることになる。

（2）「逆転した情報の非対称性」下における保険料減額請求の問題点

　「逆転した情報の非対称性」下においては、危険の減少に基づく保険料減額請求に関して、以下のような論点が考えられる。

　すなわち、第1に、保険者側に保険契約者等に関するリスク情報が偏在する場合には、保険契約者としては危険が減少したことを了知することができないので、保険料減額を請求することが事実上できない。こうした不利益を解消するためには、少なくとも、保険者が入手した保険契約者等に関するリスク情報を保険契約者に開示または提供する必要がある。

　第2に、仮に保険者が入手した保険契約者等に関するリスク情報を保険会社が保険契約者に開示または提供したとしても、情報量が膨大に過ぎるため、また、保険契約締結時における保険契約者等に関するリスク情報と対照比較する必要があるため、事実上、「著しい危険の減少」に該当するか否かを保険契約者が判断することはできないであろう。そうであるとすると、保険者としては、入手した保険契約者等に関するリスク情報を保険契約者に開示または提供しつつも、少なくとも長期契約（保険期間が1年間を超える保険契約）に関しては、「著しい危険の減少」に該当するか否かを保険者が自ら定期的に調査のうえ、該当する場合には保険料減額請求を保険契約者に案内すべきであろう。けれども、こう

した保険者の減額請求勧奨はサービスに過ぎず、少なくとも現行法においては、契約法上の義務ではないと考えられる。もし、このような保険料減額請求の勧奨について保険者に契約上の義務を課すのであれば、解釈論では対応できず、立法で対応するほかないと思われる（あるいは、契約法である保険法は改正せずに、保険や共済の監督規制で対応することになろう）。

第3に、実際に損害保険会社において用いられている保険約款では、危険の減少に限定した通知条項は置かれておらず、危険の変動（危険の増加または減少）となる可能性のある特定事項について、変更事実の通知を保険契約者に求めている（保険契約者としては、当該変更が危険の増減のいずれに該当するのか、はたまた危険の増減のいずれにも該当しないのかについて判断がつかないからである）。したがって、保険契約者としては、通知事項に関する事実が発生した場合には保険者に通知を行うことになる[305]。

ここで、被保険自動車（コネクテッドカー）に設置されたドライブレコーダーや被保険者が装着しているウェアラブル端末から保険者へのリスク情報の自動送信が、保険契約者等の保険約款上の通知義務の履行に該当するか否かが問題となる。保険約款上は、変更事実の通知を求めている。そのため、保険契約者等に関するリスク情報の保険者への自動送信によって、保険約款上の通知を行ったと解釈できる可能性がある[306]。そして、仮にこうした解釈が成り立つとすると、適用保険料の低下と評価できる場合には、保険者は約款規定に従って保険料を保険契約者に返還する義務が発生することになる[307]。

第4に、保険約款上の通知とは別に、保険契約者は、保険法上の危険

---

*305　たとえば、自動車保険標準約款第6章基本条項5条1項2号参照。

*306　この点を指摘するものとして、Koezuka (2020) pp. 157-158 参照。

*307　たとえば、自動車保険標準約款第6章15条2項参照。

減少に伴う保険料減額請求が可能である（保険法11条、48条、77条）。ここで、やはり同様に、被保険自動車（コネクテッドカー）や被保険者が装着しているウェアラブル端末から保険者へのリスク情報の自動送信が、保険法に基づいた、危険減少に関する保険契約者の保険料減額請求に該当するか否かが問題となる。保険約款上の通知においては変更事実の通知のみを求めている。一方、保険法上の保険料減額請求は、法文からすると、単なる事実の通知のみならず、保険料減額請求の意思表示が必要であると考えられる。したがって、リスク情報の保険者への自動送信のみでは、保険料減額について黙示の意思表示を擬制したりしない限り、保険法上の保険料減額請求と解することは困難であろう。

4．保険期間中のリスク情報に基づく保険料調整

（1）保険契約締結時までに収集したリスク情報の活用

　以上の検討においては、保険契約者等に関するリスク情報が保険者側に偏在し（あるいは、保険契約者等に関するリスク情報が保険契約者側にも保険者側にも同様に存在し）、保険者は、保険契約締結時までに収集した当該リスク情報を用いて保険引受を行い、保険料額は契約締結時に算出されることを前提としている。

　たとえば、あいおいニッセイ同和損害保険は、「タフ・見守るクルマの保険プラス」という名称の自動車保険を、2020年1月保険責任開始分より販売している（「運転特性情報による保険料算出に関する特約」が付帯された個人総合自動車保険）。この自動車保険を付保し、同社から貸与されるドライブレコーダーを被保険自動車に装着していると、前年度契約の一定期間（および前々年度契約の一定期間）における安全運転スコアに応じて、運転特性割引を受けることができる可能性がある（初年度は運転特性割引は適用されない）[308]。

　またたとえば、損害保険ジャパン日本興亜は、「ポータブルスマイリングロード」という名称で、運転診断に関するスマートフォンアプリを広く提供している。その後に同社と自動車保険契約を新規に締結する場合には（ただし、ノンフリート等級が6S等級または7S等級である場合に限る）、この運転診断結果を用いて保険料割引を得ることができる[309]。これもやはり、保険契約締結時までに保険者が収集したリスク情報を、新たに締結する保険契約の保険料に反映させるものである。

　こうした保険商品における保険引受が通常の保険引受と異なるのは、保険契約者等に関するリスク情報が保険者側に偏在している（あるいは、保険契約者側にも保険者側にも同様に存在している）という点のみである。いずれにしても、保険契約締結時までに、保険者が収集した保険契約者等に関するリスク情報、あるいは、告知によって保険契約者側から取得した保険契約者等に関するリスク情報を、新たに締結する保険契約の保険料に反映させるものである（前述1参照）。

（2）保険期間中に収集したリスク情報の活用

　近時、上述とは異なる保険料設定方法が登場している。すなわち、リスク情報が保険者側に偏在している（あるいは、保険契約者側にも保険者側にも同様に存在している）ことに加えて、保険期間中に収集する保険契約者等に関するリスク情報を基に、保険期間開始後の保険料が変動するという点においても[310]、通常の保険引受と異なる方式である。

　そもそも、従来、保険者は、個々の保険契約者等に関するリスク情報の取得を、主に告知に依存してきた（もちろん、地域別の火災発生率や車

---

[308]　*Ref.*, https://www.aioinissaydowa.co.jp/corporate/service/telematics/plus.html; https://www.aioinissaydowa.co.jp/corporate/about/news/pdf/2017/news_2017110800434.pdf.

[309]　*Ref.*, https:www.sjnk.jp/kinsurance/smilingroad/pc; http://www.sjnk.jp/kinsurance/smilingroad/challenge/detail/pc.

種別の事故発生率など、個々の保険契約者等に関するリスク情報ではなく、個々のリスクが所属するリスク集団に関するリスク情報に関しては、保険契約者の告知に依存しないリスク情報も活用してきている）。けれども、インシュアテックの進展により、告知制度に頼らずに、保険者自らが、個々の保険契約者等に関するリスク情報を収集できるようになってきた。そうすると、保険料等の契約条件に反映させる保険契約者等に関するリスク情報は、保険契約締結時までに入手したリスク情報に限定する必然性はない。保険期間開始後においても継続的に個々の保険契約者等に関するリスク情報を入手できるのであれば、最新のリスク情報を逐次、保険料に反映させることも可能となる（UBI（usage-based insurance）と称されている）。こうした仕組みでは、告知義務制度の存在意義がどんどん薄れていくことになる[311]。

　まさに、そうした保険商品が登場し始めている。具体的には、保険引受（および、当初の保険料設定）は、保険契約締結時における保険契約者等に関するリスク情報に基づいて行われる一方、当該保険契約に関する保険期間中のその後の保険料（将来の保険契約の保険料ではない）は、保険期間開始後の保険契約者等に関するリスク情報に基づいて算出する方式の保険商品である。換言すると、保険期間開始後の保険契約者等に関するリスク情報に応じて、保険期間開始後の保険料を算出する仕組みの保険商品である。

---

*310　保険期間中のリスク情報の保険契約への反映方法は、保険料の増減に限定されるわけではない。定額給付保険では、支払保険金の増減への反映も可能である。たとえば、中国の衆安保険は糖尿病患者向けの保険を販売しているが、被保険者自身が血糖値測定端末で血糖値を測定すると、測定情報が保険会社に送信され、異常値であれば医師が被保険者に電話指導を行う一方、正常値であれば定額保険金が支払われる（片山（2016）4頁、6頁注 iii 参照）。リスク情報が保険者に偏在するわけではないが、保険期間中のリスク情報が保険金支払に反映される仕組みであると言えよう。リスク情報が良好なリスクであることを示している場合に、保険料を低下させたり返金したりすることが多いが、定額保険であれば、保険給付をもって保険契約者に還元することも可能である。

*311　*Ref.*, Tereszkiewicz（2020）p. 131.

　今のところ、こうした保険料設定の仕組みは、2種類存在する。一つは、保険料の事後精算方式であり、もう一つは、保険期間中の保険料変動方式である。順に検討する。

①　保険料の事後精算方式

　保険料の事後精算方式は、保険期間中に、個々の保険契約者等に関するリスク状況の実態を計測したうえで、計測期間の保険料を算定し、事後的に保険料を精算する方式である。

　たとえば、あいおいニッセイ同和損保がトヨタ自動車のコネクテッドカーを対象として、2018年4月保険責任開始分より「タフ・つながるクルマの保険」（「車両運行情報による保険料精算に関する特約」を付帯した個人総合自動車保険）の保険引受を始めた[312]。この保険商品の保険料は、基本保険料と「運転分保険料」から成るが、後者がこの保険料事後精算方式である。この「運転分保険料」は、保険期間（1年間）中の1か月単位の保険料算定対象期間における走行距離と運転特性を基に算出される。そして、保険料分割払（月払）方式の保険契約に関しては、当該保険料算定対象期間末日が属する月の翌月に支払うべき保険料の一部となる（したがって、保険期間終期間近の保険料算定対象期間に関する「運転分保険料」は、継続契約の保険期間中に支払うことになる。また、保険料一時払契約においては、「運転分保険料」の支払は、その全額を継続契約の一時払保険料と同時に支払うことになる）[313]。つまり、「運転分保険料」に関しては、保険料算定対象期間前および同期間中には保険料支払はなく、当該期間経過後にリスク状況の実態に応じた保険料を支払う仕組みである[314]。

＊312　*Ref.*, https://www.aioinissaydowa.co.jp/corporate/about/news/pdf/2017/news_2017110800434.pdf.

＊313　*Ref.*, https://www.aioinissaydowa.co.jp/personal/product/tough/tsunagaru; https://www.aioinissaydowa.co.jp/personal/product/tough/pdf/tough_kuru_tsunagaru.pdf.

　このような保険料算定方式は、従前より損害保険業界で行われてきた
保険料の確定精算方式（保険期間中のリスク量に応じた保険料精算方法）
といった保険料の事後精算の一種であると考えられる。従来行われてき
た仕組みと比較すると、保険料算出対象期間が1か月単位と短いという
特徴があるが、保険料事後調整の基本的な仕組みは変わらない。

　こうしたリスク実態に応じた保険料の事後精算方式は、保険期間開始
後にリスク状況の実態を計測のうえ、計測期間の保険料を算定して、事
後的に保険料精算を行うものである。一方、告知義務、危険増加、危険
減少といった保険法の規整は、保険契約締結時までに保険者が入手した
リスク情報を基に保険引受の可否や保険契約条件を設定することを予定
しており（告知義務）、また、前提としている（危険増加や危険減少は、
保険締結時に保険引受の前提とした危険が保険期間中に増減した場合に適用
される規整である）。したがって、リスク実態に応じた保険料の事後精算
方式の対象となるリスクに関しては、基本的には、告知義務、危険増加、
危険減少といった保険法の規整は適用されないと考えられる[*315]。また、

---

*314　なお、明治安田生命保険は、「健康サポート・キャッシュバック特約」を2019年4月2日に
　発売した。この特約は特定の長期保険契約（現在のところ、当該特約を付帯できるのは「ベスト
　スタイル」（5年ごと配当付組立総合保障保険）という名称の保険商品のみのようである）に付
　帯する。この特約を付帯したうえで、健康診断結果を明治安田生命保険に提出すると、健康診断
　結果に応じて、当該保険年度末における「対象特約」（「対象特約」としては、定期保険特約、新・
　入院特約、がん保障特約等が指定されている）の合計保険料月額の一定割合（0.1倍、0.5倍、1
　倍の3種類）が、翌保険年度の年単位の契約応当日にキャッシュバック（自動積立）される。な
　お、年単位の契約応当日以降（ただし、3年以内）に健康診断結果が提出された場合には、保険
　会社への健康診断結果の到達日にキャッシュバック（自動積立）がなされる。*Ref.*, https://
　www.meijiyasuda.co.jp/profile/news/release/2018/pdf/20190226_01.pdf; https://www.
　meijiyasuda.co.jp/find/list/beststyle/contract/content/pdf/content_03.pdf.
　　つまり、通常どおりの保険料を一旦は支払ったうえで、健康診断結果というリスク状況の実態
　に応じて、支払済み保険料の一部返戻が行われる仕組みである。したがって、保険料の事後精算
　方式の一種である。ただし、新しい情報通信技術を用いているか否かは不明であり（少なくとも、
　IoT機器は使用しないようである）、インシュアテックに該当するか否かは不明である。また、
　保険契約者自らが健康診断結果を保険者に提出するものであって、保険者自らが保険契約者等に
　関するリスク情報を自動収集するものではない。

保険法における危険減少は、将来の保険期間における保険料の減額を求めるものであって（保険法 11 条、48 条、77 条）、経過済みの保険期間について遡及的に保険料の精算を行うものには適用されないと考えられる。そうであるとすると、それ以外には関連する保険法の規定が存在しないので、たとえばテレマティクス（あいおいニッセイ同和損保の「タフ・つながるクルマの保険」の場合）に関して被保険者が不正行為を行った場合にどのような制裁を課すかは、基本的には保険約款等の規定するところによることになる（特段の約款規定がなければ民法による）と考えられる[*316]。

②　保険期間中の保険料変動方式

　保険期間中の保険料変動方式は、保険期間中に個々の保険契約者等に関するリスク状況の実態を計測したうえで、当該保険契約の保険期間のうちの将来期間における保険料を算定し、保険料支払義務を課す方式である。

　たとえば、住友生命保険が 2018 年 7 月に発売した「Vitality」という名称の健康増進プログラムを組み込んだ保険契約（以下、Vitality 健康増進型保険という）では、上述の「タフ・つながるクルマの保険」と似た保険料算定を行っているが、両者は経済的にも法的にも少し異なる。Vitality 健康増進型保険は長期契約であるが、保険期間中における被保険者の健康増進活動に応じて、保険期間中の翌々保険年度（または、翌保険年度）の保険料を変動させる仕組みを採用している[*317]。

---

*315　山下友信ほか（2018）28 頁〔山下信一郎発言〕は、告知義務の問題ではないとしながら、危険増加や危険減少の問題であると述べており、疑問である。

*316　明治安田生命保険の「健康サポート・キャッシュバック特約」（前掲注 *314 参照）には関連規定が存在しないようである。同特約（総合保険用）は次のウェブサイトを参照。*Ref.*, https://www.meijiyasuda.co.jp/my_web_yakkan/pdf/2019/0000016720190402.pdf.
　　　なお、あいおいニッセイ同和損保の「車両運行情報による保険料精算に関する特約」については、その規定内容が確認できなかった。

*317　*Ref.*, http://vitality.sumitomolife.co.jp/about.

　つまり、この保険商品の保険料算定は、保険期間中の一定期間におけるリスク実態に応じて、当該期間の保険料を決定して、事後的に保険料を支払う方式（保険料の事後精算方式。たとえば、「タフ・つながるクルマの保険」）ではない。そうではなく、保険期間中の一定期間におけるリスク実態に応じて、当該保険契約の保険期間中の将来期間（Vitality 健康増進型保険では、将来の保険年度）における保険料を決定する方式である。

　この保険期間中の保険料変動方式は、保険契約締結時に健康増進活動に関する告知を求めていないようであるので、保険法上の告知義務や危険増加の問題ではない（危険増加に関する規整は、告知対象事項に限定される。保険法 29 条 1 項柱書、56 条 1 項柱書、85 条 1 項柱書）。仮に、保険契約締結時に健康増進活動に関する告知を求めていたとしても、当該告知内容ではなくて、保険期間開始後における保険期間中の一定期間の健康増進活動の内容を基礎として、当該保険契約の保険期間中の将来期間（Vitality 健康増進型保険では、将来の保険年度）について保険料を算出するものであるので、告知義務規整の対象とならない。また、保険期間中の一定期間のリスク情報を、当該保険契約の保険期間中の将来期間の保険料に反映させる方式であって、告知事項（すなわち、保険期間開始前のリスク情報）を反映させるものではないので、危険増加の規律対象ともならないと考えられる。そうであるとすると、それ以外には関連する保険法の規定が存在しないので、たとえば健康増進活動やその情報通信に関して被保険者が不正行為を行った場合にどのような制裁を課すかは、基本的には保険約款等の規定するところによることになる（特段の約款規定がなければ民法による）と考えられる*318。

　保険法における告知義務規整および危険増加規整は、共に、保険契約締結時の告知を前提に制度設計されている。しかしながら、インシュアテックの進展（保険会社によるリスク情報の逐次入手）によって、保険期

間中の一定期間のリスク情報を、当該保険契約の保険期間中の将来期間の保険料に反映させる方式の保険商品が既に開発されたことに鑑みると（たとえば、Vitality 健康増進型保険）、そのような保険商品にも、保険法における告知義務規整や危険増加規整と同様の規整を設ける必要があるかもしれない。なぜなら、この保険料算定方法は、前保険年度（あるいは、前々保険年度）におけるリスク情報を、同一保険契約における当該保険年度の保険料に反映させる仕組みであるが、単年度契約を継続付保した場合に、継続前契約（あるいは、継続前々契約）のリスク情報を、当該保険契約の保険料に反映させることと実質的に同じであるとも考えられるからである。

　現行の保険法を類推適用することも考えられないではないが、規律の必要性が認められるのであれば、立法で対応すべきであろう。具体的には、保険法における「告知事項」（保険法4条、37条、66条）を保険契約締結時の告知に限定せずに、保険期間のうちの一部期間の「危険」算定のために、当該保険期間中に求める告知にも拡大することを検討することになる。

　一方、リスクが低下する局面に関しては、この保険期間中の保険料変動方式においても、保険法上の危険減少（保険法11条、48条、77条）の一種であると捉えることができる（危険減少に関する規整は、告知事項に

---

*318　Vitality 健康増進型保険は、「Vitality」という名称の健康増進プログラムを組み込んだ保険契約のことであるが、「健康増進乗率適用特約」を付帯した保険契約とは別に、「Vitality 健康プログラム契約」を締結する必要がある。この「Vitality 健康プログラム契約」の契約内容となる「Vitality 健康プログラム規約」では、プログラムを不正利用した場合、および、プログラムを「不正に利用するおそれがあると合理的に認められる場合」には、プログラム契約の解除、ポイントの没収、特定の利用停止、その他の必要な措置を住友生命保険がとることができると規定されている（同規約21条1項1号）。また、住友生命保険にはプログラムの利用状況に関する調査権が認められており、調査の結果、不正があったと住友生命保険が認定した場合には、プログラム契約の解除、ポイントの没収、特定の利用停止、その他の必要な措置を住友生命保険がとることができると規定されている（同規約26条1項、4項）。同規約については次のウェブサイト（最終更新日2019年6月25日）を参照。*Ref.* http://vitality.sumitomolife.co.jp/guide/program.

限定されない）。すなわち、危険の減少に基づく保険料減額請求権は危険が「著しく減少」した場合に限定されるが、この保険商品では、危険が「著しい減少」に該当するか否かを問わず、一定の条件に該当すれば保険料の減額を行う仕組みであると言える。したがって、保険法における危険減少に関する規整は片面的強行規定であるが（保険法12条、49条、78条）、この保険法の規律を保険契約者有利に変更したものとも考えられる。

　ただし、Vitality 健康増進型保険では、保険料の減少が翌保険年度ではなく、翌々保険年度から適用されることもあるが、保険料減額効果の発生時期が保険法の規律よりも遅くなるため、その点に関しては、保険法の規整を保険契約者に不利に変更したことになると考えられないでもない。けれども、この保険料決定の仕組みが追加的なものであって、保険法が規定する、危険が著しく減少した場合における保険契約者の保険料減額請求権を否定するものではないとすると[*319]、保険法が規定する保険料減額請求制度に、新たな保険料減額制度を保険約款で追加したことになるので、保険法の規整を保険契約者不利に変更したものではないと言えよう。

5.　小　　括

　以上のとおり、現行保険法の告知義務規整、危険増加規整、危険減少規整は、いずれも、保険契約者等に関するリスク情報が保険契約者側に偏在する状況（情報の非対称性）を前提としている。しかるに、インシュアテックの進展によって、むしろ、保険者側に保険契約者等に関す

---

*319　ただし、実際にVitality 健康増進型保険の保険契約者が保険法に基づく保険料減額請求を行った場合に、住友生命保険がどのように対応するのかは不明である。

るリスク情報が偏在する状況（「逆転した情報の非対称性」）が十分に生じ得ることになる。

　保険契約者等に関するリスク情報が保険者側に偏在する状況は、次の二つに大別することができる。

　一つは、従来の保険引受方法、すなわち、保険契約締結時までに保険者が入手した保険契約者等に関するリスク情報を基にして、保険引受可否の判断や保険料算定等を行う方式である。当該情報の入手方法の全部または一部が、インシュアテックの進展によって、保険契約者等による告知から、IoT 機器を通じた保険者による情報収集に置き換わることになる。その場合、現行の告知義務規整（前述1）、危険増加規整（前述2）、危険減少規整（前述3）は、そのまま適用することが難しい場面があるため、何らかの解釈上の工夫をしたり、法改正を検討したりする必要がある。

　もう一つは、従来とは異なる保険引受方法、すなわち、保険契約締結時までに保険者が入手した保険契約者等に関するリスク情報を基にして、保険引受可否の判断（や当初の保険料算定等）を行うが、保険期間中にも保険契約者等に関するリスク情報を収集したうえで、当該情報を情報収集対象期間の保険料算出に用いたり（前述4（2）①。保険料事後精算方式）、当該保険契約の保険期間中の将来部分（たとえば、次保険年度分）の保険料算出に用いたり（前述4（2）②）するものである。こうした保険料算出方式は、現行保険法の告知義務規整や危険増加規整（や危険減少規整）が前提とする、保険契約締結時におけるリスク情報をを基礎としていないため、当該規整が適用されない可能性が高い。

　こうして、インシュアテックによって、保険契約者等に関するリスク情報を保険者自らが大量収集する事態を想定すると、現行の保険法や現行の保険約款は必ずしも適合的ではないことが明らかになった[*320]。インシュアテックの進展に対応するような法解釈（場合によっては、立

法）が求められていると言えよう[*321]。また、保険者においても、イン
シュアテックの進展に応じた保険約款の整備が必要となろう。

＊320　本書で検討した事項以外にも、たとえば、保険期間中に保険者が（自動）収集したリスク情
　　報に基づいて保険者が解除権（重大事由解除）を行使できるか、という問題も指摘されている。
　　Ref., Koezuka（2020）p. 157.
＊321　山下友信ほか（2018）29 頁〔山下友信発言〕は、「保険法では想定外のいろいろ事象（ママ）
　　が起きているということのようですが、問題が新しいものであれば、保険法の制定時の議論にこ
　　だわり過ぎるのではなく、柔軟に対応していく必要があるのかなと思います。」と述べる。

第5章 保険制度における「信頼」の変容
―これからの保険法学―

ここまで、インシュアテックの進展状況を示したうえで（第1章）、インシュアテックが現行の保険法や保険業法に与える影響のいくつかについて分析・検討を行った（第2章〜第4章）。ただし、以上の分析・検討は、現状のインシュアテックを前提としたとしても網羅的ではない。

今後も新しい情報通信技術が開発されたり、新しい情報通信技術の保険業での新たな活用が行われたりしていくことを踏まえると、そもそも、現段階ではインシュアテックに関する法的検討を包括的に行うことは実質的に不可能である。そこで、終章である本章では、少し視点を変えて、インシュアテックが保険法学全体にどのような影響を与えるかを考えてみることにした。そして、その際の手がかりとして、従来、保険制度が基礎としてきた「信頼」を取り上げ、「信頼」がインシュアテックによってどのように変容していくかに焦点を合わせる

以下では、従来の保険制度における「信頼」を整理したうえで（次述1）、インシュアテックの進展によってこの「信頼」がいかに変容しようとしているかを概観する（後述2）。そして、こうした「信頼」の変容を踏まえて、保険法学の今後の方向性を検討する（後述3）。

1．保険制度における「信頼」

保険は、その制度の性質上、信頼（トラスト）の存在を前提とする*322。そこで予定されている「信頼」とは、「保険者の保険契約者に対する信頼」と「保険契約者の保険者に対する信頼」から成る。

（1）保険者の保険契約者に対する信頼

　保険は、多数の保険契約者が抱える同種のリスクを保険者が引き受ける経済的な仕組みであり、保険契約者は保険者に対して誠実に行動することが期待されている。たとえば、保険契約締結時には、保険契約者が自身のリスク情報を保険者に正しく提供すること（告知）が保険制度の前提とされている。またたとえば、保険期間開始後も、保険引受リスクが増加した場合には、保険契約者が保険者にその旨の通知を行うこと（危険増加の通知）が保険制度の前提とされている。さらにたとえば、保険給付時には、被保険者や保険金受取人が保険事故や発生損害の内容等を保険者に正しく通知・説明することが保険制度の前提とされている。

　しかしながら、この前提を保障する仕組みは内在しておらず、それゆえに保険者は保険契約者を信頼することができない状況にある。

　具体的には、第1に、保険契約者は、自身が抱えるリスクを付保すべく（すなわち、保険者に保険引受拒絶されないようにすべく）、また、自身が望む契約条件で付保すべく、さらに、自身に設定される保険料を低下させるべく、自身が抱えるリスクを保険者に過小評価させようとするインセンティブを持っている。換言すると、保険契約者は、自身に関するリスク情報を、自発的かつ正確に保険者に対して提供するインセンティブを持たないばかりか、逆のインセンティブ（すなわち、自身に関するリスク情報を、自発的かつ正確に保険に対して提供しないインセンティブ）

＊322　周知のとおり、英法では、保険契約者および保険者に最大善意（utmost good faith）が求められている。英国海上保険法（Marine Insurance Act（MIA）1906）17条。この最大善意の原則は、海上保険（マリン保険）のみならず、ノンマリン保険にも適用されている。*Pan Atlantic Insurance Co Ltd v Pine Top Insurance Co Ltd* [1995] AC 501, at 518; *Manifest Shipping Co Ltd v Uni-Polaris Shipping Co Ltd*（The Star Sea）[2001] UKHL 1; [2003] 1 AC 469, at [47]. なお、2015年保険法（The Insurance Act 2015）で同条も改正されたが（条文語句（最大善意原則違反の効果に関する規定）の削除）、2015年保険法および2012年消費者保険法（The Consumer Insurance（Disclosure and Representation）Act 2012）の下において最大善意の原則が維持されている（2015年保険法14条）。

を持っているところに問題の根本原因がある。そのため、保険者は、保険契約者によるリスク情報開示に信頼を置くことができないのである。だからこそ、保険者は告知義務違反に対する制裁（契約解除権や保険者免責等）を用意して、保険契約者による正しい告知を確保すべく努めることになる。また、保険法においても、同様の規整がデフォルト・ルールとして用意されている（保険法28条、31条2項1号、55条、59条2項1号、84条、88条2項1号）。

　第2に、保険期間開始後において、保険引受リスクが増加しても、保険契約者が通知義務を履行しない可能性がある。保険契約者としては、通知自体に手間を要するのみならず、通知義務を履行したことによって、現存する保険契約が保険者によって解除されたり、契約条件を厳しくされたり、保険料が増額されたり可能性があるので、通知義務を履行するインセンティブを持たないばかりか、逆のインセンティブ（すなわち、通知義務を履行しないインセンティブ）を持っているところに問題の根本原因がある。そのため、保険者は、保険契約者による自発的で正確な通知義務の履行を期待することができないのである。だからこそ、保険者は通知義務違反に対する制裁（契約解除権、保険者免責、割合的保険給付等）を保険約款で用意して、保険契約者による適時の正しい通知を確保すべく努めることになる。また、保険法においても、危険増加後も引き続き保険契約の引受が可能である場合に関してのみであるが、通知義務違反に関する規整がデフォルト・ルールとして用意されている（保険法29条、31条2項2号、56条、59条2項2号、85条、88条2項2号）。

　第3に、保険期間開始後において、保険契約者等が保険給付の不正請求を行う可能性がある。モラル・リスクと呼ばれている問題であり、保険契約締結後も、保険者は保険契約者等を簡単には信頼できないのである。そのため、保険者は、報告された事故がそもそも真実に存在したのか、仮に存在したとしても、当該事故は被保険者や保険金受取人等の故

意による事故招致ではないのか、仮に以上の点について問題がないとしても、当該事故は保険給付要件に該当するとともに、その他の免責条項に抵触しないのか、仮に保険給付要件を充足するとしても、発生した損害や死亡・入通院等は当該事故によって発生したものであるのか、さらに損害保険契約の場合には、保険請求されている金額は過大請求ではなく妥当なものであるのか、といった観点からの調査・検討を適宜、実施する必要がある。

このように保険者は保険契約者を信頼することができない状況にあるため、保険者が保険契約関係から離脱することができるよう、保険法は重大事由解除の制度も設けている。すなわち、モラル・リスクに該当する行為を保険契約者側が行った場合には、保険者に契約解除権が発生し（保険法30条1号、2号、57条1号、2号、86条1号、2号）、保険者が当該解除権を行使すると（将来効。保険法31条1項、59条1項、88条1項）、解除時以降は無保険状態になるとともに、重大事由発生時から契約解除時までに発生した保険事故は保険者免責となる（保険法31条2項3号、59条2項3号、88条2項3号）。また、この重大事由解除は、保険契約者側がモラル・リスクに該当する行為を行った場合に限定されず、保険者の保険契約者等に対する「信頼を損ない、当該…保険契約の存続を困難とする重大な事由」があれば可能である（保険法30条3号、57条3号、86条3号）。まさに、保険者の保険契約者等に対する「信頼」が保険契約の前提とされていることが、法文上に表出していると言えよう。

（2）保険契約者の保険者に対する信頼

一方、保険制度においては、保険者も、保険契約者に対して誠実に行動することが期待されている。たとえば、被保険者（損害保険契約の場合）や保険金受取人（人定額保険契約の場合）から保険給付請求がなされたら、保険者は適時に適切な保険給付を行うことが保険制度の前提とさ

れている。

　しかしながら、この前提を保障する仕組みは内在しておらず、それゆえに保険契約者等は、特に保険給付の履行に関して、保険者を信頼することができない状況にある。

　具体的には、第１に、保険契約者は、保険料の支払と同時に（すなわち、同時履行として）、保険給付（保険金支払）を受けるわけではない[*323]。仮に保険事故が発生して保険給付を受けるとしても、実際に保険給付がなされるのは、一般に、保険契約締結から随分と時間が経ってからのこととなる。保険事故は常に保険契約締結直後に発生するわけではないし、また、保険事故の発生から保険給付まで一定期間を要するからである（ただし、生命保険契約に関しては、保険給付請求がなされてから保険給付までの期間は比較的短い）。この点において、たとえば一般の商事売買とは大きく異なる。

　第２に、保険契約締結時において、保険給付がなされるか否かは確定していない（ただし、終身保険では、免責条項に抵触したりしない限り、定額の死亡保険金が給付されることが確定している）。しかも、保険給付がなされるか否かが確定するのは、保険事故発生の場合には保険事故発生時であり、保険事故不発生の場合には保険期間終了時であるから、保険契約締結から随分と時間が経ってからのこととなる（特に生命保険契約には長期契約が多いので、保険契約締結から保険給付可否の確定までは相当の長期間となる）。

　第３に、将来において事故が発生した際に、果たして保険給付の対象となるか否かが保険契約締結時には一義的に明確ではないことが多い。

[*323]　ただし、近時の損害保険契約においては、保険契約締結後に保険料支払期日が設定されることが多いが、保険事故が保険料支払期日前に発生した場合には、保険契約者は保険料を支払うことなく保険給付を受けることができることがある。たとえば、東京海上日動火災保険の総合自動車保険（2019年１月１日以降始期用）の普通保険約款の第４章「基本条項」の第２節「保険料の払込み」の１条２項、４項参照。

たとえば、定額保険である死亡保険の被保険者が死亡したとしても、自殺であれば一定期間は保険者免責となるので死亡の原因が自殺によるものか否かが問題となり得るし[324]、告知義務に違反して保険契約が締結されていた場合には、当該告知義務違反の事実に基づかずに死亡したか否かが問題となり得る（因果関係特則。保険法 59 条 2 項 1 号ただし書）。この点において、同じく射倖契約である宝くじや賭博とは大きく異なる。

　第 4 に、保険事故発生時に、保険給付に関して保険者が誠実に行動することが制度的には保障されていない。被保険者や保険金受取人は、保険給付の可否および内容について、自身では正確な判断ができないことが多いので保険者を信頼せざるを得ないものの、保険者が誠実に行動する（すなわち、適切かつ迅速な保険給付を行う）とは限らないのである（たとえば、2005 年〜 2007 年にかけて保険金の不適切な不払いや支払漏れ問題が顕在化した[325]）。

2．情報社会の急速な進展による「信頼」の変容

　このように、保険は、保険契約者・保険者間の相互信頼に立脚した制度であるにもかかわらず、現実には双方の信頼が十分に確立しているとは言い難い状況が従前より続いてきた（逆説的ではあるが、そうであるからこそ、保険制度では「信頼」が強調されてきたのかもしれない）。そのような中、新しい情報通信技術を活用するインシュアテックによって、保険制度における信頼のあり方が大きく変容しようとしている[326]。

---

[324]　自殺免責期間後の自殺に関しては、最判平成 16 年 3 月 25 日・民集 58 巻 3 号 753 頁参照。
[325]　金融審議会「保険の基本問題に関するワーキング・グループ」（第 51 回）に提出された金融庁作成の 2009 年 4 月 24 日付け資料「保険金支払について」を参照。*Ref.*, https://www.fsa.go.jp/singi/singi_kinyu/dai2/siryou/20090424_2/01.pdf.

（１）保険者の保険契約者に対する信頼

保険制度においては、保険者の保険契約者に対する信頼が必要であるにもかかわらず、従来、これを保障する仕組みが保険制度に内在していないため、保険者は保険契約者を信頼することができなかった（前述１（１）参照）。しかるに、インシュアテックの進展によって、こうした状況が変化しつつある。

①　「逆転した情報の非対称性」

これまで、保険市場では、保険契約者のリスク情報が保険契約者側に偏在するという「情報の非対称性」（informational asymmetry）が存在すると考えられてきた。しかしながら、昨今の情報社会の急速な進展は、保険市場におけるリスク情報の所在を大きく変容させている。

すなわち、保険契約者に偏在していると考えられてきたリスク情報を、保険者が、安価に、容易に、かつ、正確に入手できるようになってきている。たとえば、自動車の運転情報をリアルタイムにクラウドに送信できるようになってきているが（コネクテッドカー）、こうした運転情報が自動車保険の保険者に提供されれば、保険会社は正確なリスク情報を入手することができる。またたとえば、人保険の被保険者がウェアラブル端末を装着し、身体情報が逐次保険者に送信されるようになれば、保険会社は正確なリスク情報を入手することができる。

このように、保険契約者側にリスク情報が偏在するという「情報の非対称性」ではなく、インシュアテックの進展によって、むしろ保険者側にリスク情報が偏在するという「逆転した情報の非対称性」（adverse

---

＊326　本章が述べているのは「保険における信頼のあり方の変容」であって、保険者の保険契約者に対する信頼が不要になるであるとか、保険契約者の保険者に対する信頼が不要になると主張するものではない。

　　なお、特に後者、すなわち保険契約者の保険者に対する信頼に関しては、保険契約者情報の収集、管理、利用、開示等に関する信頼が極めて重要なものとなっていくであろう。*Ref.,* Morey *et al.* (2015), Mäder *et al.* (2018).

informational asymmetry）とでも言うべき状況が生じつつある（以上、前述第4章1（1）、2（1）参照）。このような状況下では、少なくともそのようなリスク情報の取得に関しては、保険契約締結時も、保険期間開始後も、保険者としては保険契約者に対する信頼は必要ない（正確には、ほとんど必要ない[327]）ことになる。ただし、モラル・リスクの発生を防ぐことはできないので、その点に関しては、保険契約者に対する信頼は相変わらず必要である。

②　インデックス保険

定額給付型の損害保険商品は従前より存在したが、インシュアテックの進展に伴って、客観的な指標を用いた保険商品が続々と開発されている。これは、一定の指標（index. たとえば、地震の震度や洪水による浸水の水位）を用いて、当該指標が一定の数値（トリガー。trigger）に達したり達しなかったりした場合に、予め約定されている定額の保険金を支払うものであり、インデックス保険などと呼ばれている（前述第3章2（2）②(a)、(c)参照）。

こうした保険商品に関しては、リスク情報は保険契約者側に偏在していない（保険者側にも偏在していない）。また、定額給付方式であるので、モラル・リスクのうち事故便乗型のモラル・ハザードは発生しない。そして、モラル・リスクのうち事故偽装型のモラル・ハザードに関しては、保険事故のトリガーとなるインデックスは公開されており、かつ、操作することが困難であるので、発生する可能性は極めて低い（前述第3章3（2）参照）。そのため、保険者としては、リスク情報の取得に関しても、また、モラル・リスクに関しても、保険契約者に対する信頼は基本

---

[327]　コネクテッドカーやウェアラブル端末から保険契約者のリスク情報を保険者が入手できるようになっても、情報の送信を保険契約者が中断したり、送信情報を保険契約者が改竄したりする惧れもあるので、保険者としては、リスク情報の取得について保険契約者を完全に信頼することはできない。前述第4章1（2）、2（2）参照。

的には必要としないことになる。

③ P2P保険における保険料プール部分および相互救済制度部分

インシュアテックの活用形態の一つにP2P保険がある。P2P保険とは、新しい情報通信技術を活用した保険商品あるいは保険類似商品であって、契約者間の相互扶助を積極的に取り入れているもののことである。ここでいう契約者間の相互扶助とは、特定の契約者集団に収支が帰属する相互扶助方式の保険料プールや相互救済制度を設けることによって、当該契約者間でのリスク・シェアリングを実現するものである（前述第2章1、2参照）。

P2P保険における保険料プール部分や相互救済制度部分に関しては、もはや保険者の保険契約者に対する信頼は不要である。なぜなら、保険料プールや相互救済制度の収支は、当該保険料プールや当該相互救済制度を構成する契約者に帰属するのであって、保険者（および、P2P保険の仕組みの提供者であるプラットフォーマー）には帰属しないからである（保険者等は、保険料プールや相互救済制度の運営等について手数料あるいは管理料を得るだけである）。つまり、保険料プール部分や相互救済制度部分に関しては、たとえ告知義務違反が行われたとしても、また、給付請求についてモラル・リスクが行われたとしても、成績の悪化は、少なくとも保険者等の損益には直接は影響しないのである*328。

そのため、保険者としては、少なくとも保険料プール部分や相互救済

---

*328　ただし、保険料プールや相互救済制度の成績悪化に伴って、契約者が脱退したり、保険料プールや相互救済制度が縮小したりして、保険者等の手数料・管理料収入が将来的に減少する可能性があるので、間接的に保険者等にも影響が及ぶことはある。

けれども、実際に問題となり得るのは、保険者等が給付請求者を過度に「信頼」してしまう事態である。そうした事態が生じ得るのは、第1に、保険料プール部分や相互救済制度部分の収支は保険者等に全く帰属しないので、保険者等によって安易な給付審査がなされてしまう土壌があるからである。第2に、保険料プールや相互救済制度からの給付額に応じて保険者等の手数料が増える仕組みを採用している場合には、保険料プール部分や相互救済制度部分からの給付を保険者等が給付請求者に「大盤振る舞い」してしまうインセンティブが働くからである（前述第2章3（1）⑤参照）。

制度部分に関しては、リスク情報の取得に関しても、また、モラル・リスクに関しても、保険契約者に対する信頼は基本的には必要としないことになる。したがって、P2P保険の全体が保険料プールや相互救済制度である形態では（前掲〔表1〕（第2章2（1））のV類型〜VIII類型）、保険契約者に対する信頼は不要である（ただし、前掲〔表1〕のVI類型とVIII類型では、保険者等が約束どおりに立替給付を行うことについての信頼は必要である）。一方、保険料プール部分や相互救済制度部分と通常の保険部分とから成る形態のP2P保険では（前掲〔表1〕のI類型〜IV類型）、通常の保険部分については、リスク情報の取得に関しても、また、モラル・リスクに関しても、保険契約者に対する信頼が全く不要となるわけではない。

④　P2P保険における契約者間の社会的紐帯の利用

　実際に行われているP2P保険の多くは、第1レイヤーの保険料プール部分と、第2レイヤーの通常の保険部分から成る（前述第2章1（1）参照）。そうした形態のP2P保険では、第2レイヤーの部分は通常の保険であるので、通常の保険と同様、保険者としては保険契約者に対する信頼が必要となる。

　けれども、こうしたP2P保険の形態には、通常の保険とは異なる側面がある。それは、第1レイヤーが保険料プールを構成していることである。この第1レイヤーは単なる免責金額ではなく、保険料プールであるから、その成績が当該保険料プールを構成している保険契約者に帰属することになる。そして、保険料プールを構成する保険契約者が一定の社会集団に属する少人数である場合には、保険契約者間の社会的紐帯が機能することになる。

　たとえば、こうした形態のP2P保険の一つであるフレンジュランスは、保険契約者が10人以内でグループを作り（より正確には、もともと存在する社会集団（のうち、付保を希望する者）が保険契約者グループとな

るのである）、当該グループの第1レイヤーの成績次第で、当該グループに所属する保険契約者に対する還元額が決まる方式を採用している（前述第2章1（1）①(a)参照）。そのため、保険契約者には第1レイヤーの保険収支を良い状態に保とうとするインセンティブが働くことになる。そして、このインセンティブは、自分自身の利益だけを目的とするものではなく、社会的紐帯で結ばれた仲間の利益をも目的とするものである。そのため、まず、保険契約者グループへの加入審査において、リスクの高い者の加入を保険契約者グループが排除することになる（同じ社会集団に所属する者であるので、保険契約者グループは、加入申請者のリスク情報を保険者よりも詳細かつ正確に把握している）。また、加入後は、通常の保険契約を個人的に付保する場合と比較して、相対的に、より保険事故を起こさないように注意力が高まったり、たとえ保険事故が発生したとしても小損害であれば保険請求をしなかったり、モラル・リスクを企てたりしなかったりすることになる（前述第2章3（1）③、④参照）。

　こうして、第1レイヤーの保険成績を良好に保つインセンティブが保険契約者にあり、しかも、第1レイヤーの保険成績を良好に保つ努力が保険契約者間で自主的に行われることになる（保険者自身が実施するよりも、はるかに低コストであり、しかも保険者の費用負担は少なく、さらに実効的である）。そして、一般に、第1レイヤーの保険成績が良ければ、第2レイヤーの保険成績も良くなるので、第2レイヤーのリスクを引き受けている保険者としても多大な恩恵を被ることになる。つまり、保険料プールである第1レイヤーにおける保険契約者グループの社会的紐帯を利用することによって、通常の保険である第2レイヤーに関して、保険者の保険契約者に対する信頼を補完しているものと言えよう[329]（〔表

---

[329]　森田（2007）69-70頁は、保証と連帯責任とは、一定の社会資本を一般に利用可能な資本に転換するためのメカニズムであると述べているが、本文のようなP2P保険には同様のメカニズムが組み込まれているとも言えよう。

1〕のⅠ類型およびⅡ類型。なお、同様のことは〔表1〕のⅢ類型やⅣ類型にも当てはまる）。

⑤　電子社会における信用の利用

フレンジュランスのように既存の社会集団ごと保険契約者として取り込む方式では、保険契約者の拡大に自ずと限界がある。そこで、保険契約者グループ内の社会的紐帯を利用する方式ではなく、もっと広い社会における社会的評価を利用する方式が出現するに至った。

それは、2018年にアントフィナンシャル（アリババ・グループの金融関連会社）と信美人寿が中国で共同発売した「相互保」（その後、「相互宝」に名称変更）というP2P保険である（前述第2章1（2）(a)参照）。このP2P保険に加入するには、「ゴマスコア」（芝麻信用）[*330] が一定の点数以上であることが要件とされている。ここで、「ゴマスコア」とは、アリババ（阿里巴巴）のプラットフォームで蓄積されたデータおよび外部提携先（最高裁判所、公安、提携企業）から取得したデータに基づく独自の個人信用格付である 。もし、「ゴマスコア」には広い意味での信用状況が反映されていると考えることができるとすれば、まさに電子社会における保険契約者の評判や評価を利用することによって、保険者の保険契約者に対する信頼を補完しているものと言えよう[*331]。

（2）保険契約者の保険者に対する信頼

国によって相違は大きいものの、保険者による保険給付の可否および給付額の多寡の判断について、保険契約者は保険者を完全に信用しているわけではない。しかしながら、このような不信を回避する方策が情報

＊330　ゴマスコアについて李（2015）60-61頁参照。

＊331　評判のメカニズムが電子商取引を推進するが、やがて保証のシステムに移行していくと、より成熟し洗練された市場になると指摘するものとして、ジレット（2007）参照。なお、清水（2018）402頁は、森田（2007）の議論（前掲注＊329参照）とジレット（2007）の議論との関連性を指摘する。

通信技術の急速な進展によって実現可能となってきている。

①　定額給付型の損害保険商品

　従前より定額給付型の損害保険商品は存在していたが、インシュアテックの進展によって急拡大しつつある。

　こうした定額給付型の損害保険商品は、「損害額のみなし算定」を行うもの（たとえば、「フラッドフラッシュ」、「ジャンプスタート」、「贈るほけん 地震のおまもり」。前述第３章２（１）②参照）と、「損害のみなし発生」および「損害額のみなし算定」を行うもの（たとえば、航空機遅延保険、インデックス保険。前述第３章２（２）②参照）とに大別することができる。「損害額のみなし算定」を行う損害保険商品に関しては、損害額の算定について保険者の裁量が入り込む余地が極めて小さい。また、「損害のみなし発生」および「損害額のみなし算定」を行う損害保険商品に関しては、被保険利益に対する損害発生の認定および損害額の算定について、保険者の裁量が入り込む余地が極めて小さい。そのため、保険契約者の保険者に対する「信頼」を得やすいのである（あるいは、保険契約者の保険者に対する「信頼」があまり必要とされていないとも言える）[332]。

②　スマート・コントラクト

　インシュアテックによって、スマート・コントラクトが実施されつつある。たとえば、欧州では、航空機遅延保険にスマート・コントラクトが導入されている（前述第３章２（２）②(b)参照）。また、シンガポールでは、実証実験（サンドボックス）としてではあるが、医療保険にスマート・コントラクトが導入されている（前述第１章９（２）参照）。

　スマート・コントラクトを用いた保険給付では、その一連の作業がコンピュータ・プロトコルで自動的に執行されるので、保険者の恣意が介

---

[332]　服部（2018）1 頁参照。

在する余地が極めて小さく、保険契約者の保険者に対する不信を払拭できる、あるいは、大きく低減させることができる。なお、この保険給付の自動執行システムは、定額給付型の損害保険商品と非常に相性が良い。「損害額のみなし算定」を行う損害保険商品に関しては、損害額の算定を要しないし、「損害のみなし発生」および「損害額のみなし算定」を行う損害保険商品に関しては、被保険利益に対する損害発生の確認や損害額の算定を要しないからである[333]。

③　P2P保険における保険料プール部分および相互救済制度部分

インシュアテックの一つであるP2P保険では、その仕組みの一部または全部が、特定の保険契約者に保険収支が帰属する相互扶助方式の保険料プールまたは相互救済制度となっている（前述第2章2（1）参照）。保険料プール部分や相互救済制度部分は、保険者に保険収支が帰属しないため、保険契約者と保険者とは利益相反状態とはならない。通常の保険契約では、一般に、保険金を多く支払えば支払うほど保険契約者は得をする一方（あるいは、損益状況が改善する。ただし、損害保険契約では利得禁止原則が働くため、被保険者に発生した損害額が保険給付の限度となる）、保険者は保険給付によって利益が減少したり損失が拡大したりするのと対照的である。

このように、P2P保険における保険料プール部分や相互救済制度部分に関しては、その成績について保険者は基本的には無関心であるがため、保険者による保険給付審査や保険給付手続に対する保険契約者の信頼は高まることになる（いわゆる「保険金の支払渋り」といった懸念は解消する。ただし、その一方で、保険者の手数料等の設定方法次第では、保険者による「保険金の大盤振る舞い」の危惧が生じ得る可能性がある。以上、前述

---

[333]　さらに言えば、インターネットで取得可能な情報でトリガーの成否が判断できるインデックス保険であれば、なおさら相性がよい。内田（2018）66-67頁参照。

第2章3（1）⑤参照）。

④ 保険給付手続への保険契約者の参加

近時のインシュアテックでは、保険給付手続への保険契約者の参加、あるいは、保険契約者主導の保険給付手続が実施されつつある。

第1に、保険給付手続を完全に保険契約者に委ねるわけではないが、保険会社が従来行ってきた保険給付手続に、保険契約者を従来以上に参加させる仕組み（保険契約者中心の保険給付手続）を提供するプラットフォーマーが登場している。

たとえば、ライトインデム（RightIndem）というブランドでサービスを行うライトインデム社（Rightindem Limited. 英国）がそうである。保険契約者を保険給付手続に参加させることによって、保険金支払に関する保険契約者の保険者に対する信頼を少しでも高めようとするものである[334]。

またたとえば、中国の信美人寿相互保険社がアリババ会員向けに販売している「こども重大疾病保障プラン」がそうである。保険契約者は、保険会社による保険金不払の判断に納得しない場合に、再審査制度を利用することができる。この再審査を行う委員としては、社外の医師や有識者ではなくて、当該保険契約プランの加入者の中から立候補し、試験に合格した者が採用されている。しかも、再審査の内容は公開されているとのことである[335]。「相互宝」（前述第2章1（2）(a)参照）も同様である。

こうして、保険契約者が保険給付手続に参加することによって、保険者による恣意的な保険給付手続の防止に寄与することができる。ひいては、こと保険給付に関しては、保険契約者の保険者に対する「信頼」の

---

[334] *Ref.*, https://rightindem.com. ライトインデム社は、自社の提供する仕組みを digital and self-service claims platform と呼んでいる。

[335] 片山（2018b）3-4頁参照。

向上につながることになる。

　第2に、P2P保険の中には、仕組み全体を相互扶助方式の保険料プールまたは相互救済制度としたうえで、事故発生時の給付審査や給付手続を保険者等が行うのではなく（そもそも、保険者に相当する者が存在しない）、契約者の集団自身が行うことも可能である（前掲〔表1〕（第2章2（1））のⅤ類型、Ⅶ類型）。たとえば、米国のティームブレラ社が運営するティームブレラがこれにあたる。そこでは、一定の社会集団（典型的には、ソーシャル・ネットワークで繋がっている社会集団）に所属する者の全部または一部が、P2P保険に加入して、P2P保険内部に設定される契約者集団を構成する。このP2P保険内部の契約者集団単位で、当該契約者集団自身が、一般の保険商品に関して保険者が行っている役割、すなわち、商品開発（補償約款、料率の設定等）、募集、引受、契約管理、事故受付、給付審査[*336]、給付手続等の業務を行い、当該契約者集団の成績も管理する（前述第2章1（3）(a)参照）。

　こうした仕組みでは、P2P保険の提供者（プラットフォーマー）は、引受に関しても、給付に関しても、一切関与しない（あるいは、全く決定権を持たない）ので、保険者等の恣意が介入する余地は全くない。そのため、こうしたP2P保険では、給付をはじめとする保険料プールまたは相互救済制度の運営全般に関して、契約者の保険者等（正確には、P2P保険の提供者）に対する「信頼」は必要ないのである（契約者集団が指示した内容が確実に実行されることに関する、プラットフォーマーに対する信頼のみが必要となる。実際には、ブロックチェーン技術を用いて実行されるので、ブロックチェーン技術に対する信頼が求められている）。

[*336]　「相互宝」（前述第1章1（2）(a)参照）においても、保険請求に対する加入者による審査が組み込まれているようである。片山（2018b）5頁参照。

3．保険法学の新たな方向性

　保険制度は、「保険者の保険契約者に対する信頼」と「保険契約者の保険者に対する信頼」を基礎とする。けれども、両信頼とも所与のものではなく、「保険者の保険契約者に対する信頼」に関しては、保険契約者が保険者を騙そうとする可能性が常在している。また、「保険契約者による保険者に対する信頼」に関しては、保険者が保険契約者の信頼を裏切る可能性を否定できない。そのため、このような利害状況が経済分析の対象になるとともに、両方の信頼に関して、信頼を損なう事態の発生を防止したり減少したりするための工夫が実務で行われてきたし（告知義務制度、一部保険、免責金額等）、また、法的な検討も行われ、法解釈や立法に結び付いてきた（前述1）。

　しかしながら、昨今のインシュアテックの急速な進展によって、必ずしも従前のような「保険者の保険契約者に対する信頼」や「保険契約者の保険者に対する信頼」を基礎としない保険制度が出現しつつある（前述2）。そのような保険制度に関しては、従来の保険法学の前提条件が崩れるものであり、新たな保険法学の構築が必要となっている*337。すなわち、学界としては、従前のような「保険者の保険契約者に対する信頼」や「保険契約者の保険者に対する信頼」（より正確には、それらに関する不信）を基礎としない新しい保険制度に関して、それに適合する新しい保険法学を提示することが求められていると言えよう*338。

　インシュアテックの進展を推進するには、たとえば次のような論点を解決しなければならないであろう。

---

*337　山下友信（2018）22頁参照。
*338　情報社会の急速な進展が保険に与える影響を鳥瞰したうえで法的問題点を概括的に指摘するものとして、肥塚（2018）、同（2019）参照。

　第1に、保険料プールまたは相互救済制度のみのP2P保険（すなわち、一般的な保険部分が存在しないP2P保険）は、保険者に相当する者が存在しないので、保険業法や保険法の適用を受けない可能性が高い（前掲〔表1〕（第2章2（1））のV類型およびⅧ類型[339]）。換言すると、現行の保険業法や保険法は、相互扶助制度という、この古くて新しいリスクの分散負担制度に対応できていないと言えよう。また、保険業法や保険法は保険料前払方式による保険料ファンドの形成を前提としているが、保険料について契約当初の拠出を伴わない賦課方式を採用している場合には保険料ファンドが形成されないので、両法の適用を受けないことになる可能性を完全には否定できない。さらに、保険料相当額として徴収するものが金銭以外のもの（たとえば、暗号資産）である場合には、「保険料」という金銭の授受を保険業法や保険法は前提としているので、両法の適用を受けない可能性が高い（以上、第2章5、6）。

　第2に、損害保険契約の保険金支払において、被保険者に損害が実際に発生したことの確認、および、発生損害額の具体的な算定が不可欠であるとの立場をとると、定額給付方式の損害保険契約（前述第3章）や保険給付の自動執行（スマート・コントラクトの一種。前述第1章9）を推進していくことの大きな障碍となる可能性がある。もちろん、インシュアテック推進のためだけに法解釈を変更することは本末転倒であろうが、社会的要請（たとえば、大規模災害時における被災者の当座の費用等を賄うための迅速な保険金支払）に応えるためであれば検討する価値があろう。

　第3に、保険会社は、顧客から告知を受ける以前に、既に当該顧客に関する相当量のリスク情報を保有している状況が間もなく到来しようと

---

*339　なお、前掲〔表1〕のⅥ類型およびⅧ類型も、「保険者」らしき者が立替払を行うものの、保険引受リスクを引き受けていないので、保険者とは言えないと考えられる。

している。端的に言えば、保険契約者が自身に関するリスク情報を把握
し、認識しているのではなく、むしろ、保険者側が、保険契約者と同等
以上に、個々の保険契約者のリスク情報を把握し、認識している状況が
生じつつある。そのような状況を前提とすると、現行の保険募集規制や
保険法の規律が適合的ではない可能性がある（以上、第4章）。

　これらの論点以外にも、インシュアテックの社会実装を推進していく
うえでは様々な法的論点が存在するし（たとえば、保険比較サイト[340]、
スマート・コントラクト[341]、人工知能（AI）[342]、ロボ・アドバイス[343]、マ
イクロ・インシュアランスに関する法的論点）、また、インシュアテック
の進展に伴って次々と新たな法的論点が発生していくことになる。

　たとえば、インシュアテックの進展に伴って、保険商品や保険契約が
顧客の具体的なニーズによりよく適合するように個別化されていくこと
になる（personalized insurance products. まさに、真のオンデマンド保険
（前述第1章5参照）である）。そのような状況では、保険募集時におけ
る保険者や保険仲介者の保険契約者に対する説明義務や助言義務は、現
在よりも格段に高まることになる。また、その際に用いられる保険約款
は、もはや「定型約款」（民法548条の2第1項柱書）には該当しないか
もしれない。その一方で、各保険会社が個別化された保険商品や保険契
約を顧客に提示するようになるので、保険会社間の一般的な商品比較は
意味をなさないことになるし、個別の顧客に関しても各保険者は個別化
された保険商品や保険契約を随時提示することになるので、乗合代理店

---

[340]　*Ref.*, Cappiello (2018) pp. 64-67, IAIS (2018b) pp. 19-21.
[341]　スマート・コントラクトに関する法的論点について Raskin (2017), Cohn *et al.* (2017),
　　Athanassiou (2018) pp. 115-147, Borselli (2020) 参照。また、特にスマート・コントラクトに関
　　する保険監督規制および個人情報保護の観点について Goldby *et al.* (2019) pp. 41-42 参照。
[342]　保険業における人工知能の活用について、たとえば Shulte and Lee (2019) を参照。また、
　　人工知能を介した契約の法的問題について木村 (2018) 参照。
[343]　ロボ・アドバイスについて、OECD (2017) pp. 23-25, OECD (2018) pp. 65-66, IAIS (2018b)
　　pp. 17-19, 尾崎 (2019) 164-166 頁、168-172 頁参照。

を兼ねていない限り、保険比較サイトでは具体的な比較を提示できなくなるであろう[344]。

　学界としては、こうした論点（たとえば、保険契約法、保険監督法、個人情報の保護および利活用[345]、消費者保護法に関する論点等[346]）について素早く検討を行い、問題点を指摘したり、一定の解決策を示したりしていくべきであろう[347]。

　特に日本では、保険規制が非常に重厚である（それだけ、保険業法の目的である保険会社の健全性と保険契約者の保護が図られているとも言える）。こうした重厚な保険規制は、多かれ少なかれ、日本におけるインシュアテック発展の阻害要因となることは間違いない。また、同時に、海外の保険会社やインシュアテック企業が日本市場に参入する場合の参入障壁ともなるであろう。障害となる主な保険規制としては、免許制（特に、保険業の定義）、商品規制、保険募集規制が考えられる。

　インシュアテックを実施していくにあたっては、事業者（特に、新規参入者）は、実に多様かつ多数の規制障壁に突き当たる。けれども、通常は、現行規制に適合するように仕組み作りやその修正作業を行うので、規制が障壁となっていることが顕在化することは僅少である。そして、回避不能な規制や回避困難な規制のみが、保険会社やインシュアテック企業による改正要望事項として顕在化する。顕在化した障壁は、法令や

＊344　この部分は、Tereszkiewicz（2020）pp. 131-132 の指摘に基づくところが多い。

＊345　EU では 2018 年 5 月に一般データ保護規則（GDPR: General Data Protection Regulation）が施行され（施行後の状況について、たとえば安田（2019）参照）、米国のカリフォルニア州では 2020 年 1 月に消費者プライバシー法（CCPA: California Consumer Privacy Act）が施行されている。また、米国のニューヨーク州では、生命保険引受における外部データの利用に関して、監督当局の通達が発せられた。*Ref.*, Department of Financial Services, Insurance Circular Letter No. 1 (2019).

＊346　その他の論点として、たとえば、ブロックチェーン技術を用いた電子式貨物海上保険証券の譲渡（前述第 1 章 9（2）参照）に関する法的論点について新谷（2018）参照。

＊347　インシュアテック全般に関する法的論点について、Naylor（2017）pp. 263-279、吉田（2017）、肥塚（2018）、同（2019）、増島（2018）参照。

監督指針の改正につながるかもしれないし、その前段階として、規制のサンドボックスを用いて、例外的な臨時措置が採用されるかもしれない（たとえば、賦課方式に関してサンドボックスの認定を受けた justInCase 社を参照。前述第2章6（3）参照）。このような対応がなされなければ、顕在化した障壁であっても、事業化を阻む要因になる。

　一方、顕在化しなかった障壁にも、重大な課題があるかもしれない。事業者が工夫して現行規制に適合させたため問題として顕在化しなかったものの、適合のためのコスト（当該コストも、結局は保険料に反映されることになる）等と当該規制の意義を比較衡量すると、規制の廃止・改正が検討されてしかるべきものが存在するかもしれない。しかしながら、いかんせん顕在化しないので、なかなか当該規制が廃止・改正されないという潜在的な問題がある。このような潜在的な課題は、公には、金融審議会の金融制度スタディ・グループ等で拾われていくだろうが、必ずしも万全ではないであろうから、保険実務や学界としても声を上げるべきだろう。

　また、当然のことながら、インシュアテックの進展には負の側面もあるはずだから、学界としてはそうした法的論点も丁寧に拾っていくことが求められているだろう。たとえば、インシュアテックの進展によって、保険募集、保険契約締結、契約更新手続、契約内容変更手続、保険給付請求等におけるデジタル化が進展していくことになる。けれども、こうしたデジタル化に対応できない人々の問題が残る。たとえば、老人世代の一定割合、貧困者、デジタル化アレルギー者などである。こうした人々に対しては従来どおりの対応が求められるとすると、ますます、こうした人々をそもそも顧客対象としない保険会社が増加するであろう（現在でも、インターネット通販の会社は、そのような会社であるとも言える）。他方、こうした人々を将来も顧客層から除外しない保険会社は、その分だけ経費が嵩むことになるし（高い経費の一部を、そのような人々

の保険料に転嫁するであろうが、全部を転嫁することはできないであろう）、また、そのような顧客層が存在することは、当該保険会社の会社全体のデジタル化を遅らせる要因となろう。

なお、学界のみならず、保険業界および各保険会社にもインシュアテックへの前向きな対応が求められている。前向きに取り組まないことによって日本におけるインシュアテックの進展を遅らせることはできるかもしれないが、インシュアテックなしには世界の保険市場では競争できなくなるだろうし、早晩、日本の保険市場でもインシュアテックが浸透し、インシュアテックを活用しなければ顧客を維持していくことが難しくなるのは間違いない。ある保険持株会社の社長が、2017年5月に開催されたIRミーティングにおいて、「デジタル化による破壊的イノベーション（Digital Disruption）が起きたときに一番怖いのは、保険会社が単なるバランス・シート提供者になることである。」と述べている[348]。ここで言う「保険会社」とは既存保険会社を意味しているものと推測されるが、そうであるとするとまさに正鵠を得た指摘であり、筆者としても日本の既存保険会社がそのような事態に陥らないことを切に願っている。

*348 SOMPOホールディングスが2017年5月25日に開催したIRミーティングにおける質疑応答での、Trov社への出資に関する質問に対する同社社長の回答内容である。*Ref.*, https://www.sompo-hd.com/ir/data/session/2017.
　なお、このような状況は、インシュアテックの進展によって既存保険会社がどのような影響を受けるかを保険監督者国際機構（IAIS）が推測した3つのシナリオのうちの、2番目のシナリオ（Scenario analysis 2: Insurance value chain becomes fragmented; Incumbents no longer in control）に類似するものである。*Ref.*, IAIS (2017) pp. 24-26.

参考文献

$$\left(\begin{array}{l}\text{＊ウェブサイトの URL は、注記に記載したものも含めて、}\\ \text{特に断りのない限り、2020 年 2 月 15 日時点のものである}\end{array}\right)$$

荒井伴介ほか（2019）「『情報通信技術の進展に伴う金融取引の多様化に対応するための資金
　決済に関する法律等の一部を改正する法律』の解説 —情報・データの利活用の社会的な
　進展を踏まえた制度整備—」金融法務事情 2122 号

飯田浩司（2016）「平成 26 年改正保険業法関係改正府令（2 年内施行部分）の解説（上）（中）
　（下）」NBL 1079 号〜 1081 号

石坂元一（2019）「情報環境の進展と保険事業への影響 —情報の非対称性による問題を中心
　に—」生命保険論集 208 号（別冊）

石田満（1975）「損害保険契約における利得禁止（1）」損害保険研究 37 巻 2 号

井上俊剛（2018）「Fintech 革命が保険監督、保険業界に与える影響」保険学雑誌 640 号

「イノベーションと法」勉強会（2017）「『イノベーションと法』勉強会提言」（規制改革推進
　会議・第 16 回投資等ワーキング・グループ資料）https://www8.cao.go.jp/kisei-kaikaku/
　suishin/meeting/wg/toushi/20180227/180227toushi03.pdf

今泉敬忠（1993）『英国 P.&I. 保険の研究』成文堂

牛窪賢一（2014）「価格比較サイトとテレマティクス自動車保険 —イギリスの個人自動車保
　険市場における動向—」損保総研レポート 108 号

牛窪賢一（2018）「インシュアテックの進展 —P2P 保険の事例を中心に—」損保総研レポー
　ト 124 号

牛窪賢一（2019）「インシュアテックにおける新たなビジネスモデル —ブロックチェーンを
　利用した補償等の展開と課題—」損保総研レポート 128 号

内田真穂（2018）「保険事業におけるブロックチェーン技術の活用 〜発展の方向性と課題〜」
　損害保険ジャパン日本興亜総研レポート 72 号

江頭憲治郎（2013）『商取引法』（7 版）弘文堂

鴻常夫編（1995）『註釈 自動車保険約款（上）』有斐閣

大森忠夫（1956）『続 保険契約法の法的構造』有斐閣

大森忠夫（1969）『保険契約法の研究』有斐閣

大森忠夫（1985）『保険法』（補訂版）有斐閣

尾崎悠一（2019）「情報環境の進展と法的対応 —助言・仲介をめぐる議論の検討」生命保険
　論集 208 号（別冊）

小澤友紀子ほか（1999）「金融システム改革法下のデリバティブ取引（3）保険会社編」金融
　法務事情 1541 号

片山ゆき（2016）「Fintech（フィンテック）100 1 位の衆安保険を知っていますか？」保険・
　年金フォーカス（ニッセイ基礎研究所）2016 年 6 月 21 日号

片山ゆき（2018a）「加入者が1日100万人？アリババ会員向け重大疾病保障とは？」基礎研レター（ニッセイ基礎研究所）2018年11月12日号

片山ゆき（2018b）「中国大手プラットフォーマーBATJによる保険分野への進出」基礎研レター（ニッセイ基礎研究所）2018年12月18日号

片山ゆき（2019）「アリババが医療保障を変える？―次なる「相互宝」の投入」基礎研レター（ニッセイ基礎研究所）2019年5月20日号

亀井克之（2011）「フランスにおける保険マーケティングの動向」保険学雑誌615号

木下孝治（2009）「告知義務」竹濵修他編『保険法改正の論点』法律文化社

木下孝治（2016）「顧客の意向の把握義務」ジュリスト1490号

木村栄一＝大谷孝一＝落合誠一編（2011）『海上保険の理論と実務』弘文堂

木村真生子（2018）弥永真生＝宍戸常寿編『ロボット・AIと法』有斐閣

久保田隆編（2018）『ブロックチェーンをめぐる実務・政策と法』中央経済社

栗原光自郎（2020）「三井住友海上のデジタライゼーション取組（報告レジュメ）」保険学雑誌649号

経済産業研究所（2008）「インデックス保険の有用性―貧困削減に向けての新しいアイデア」。Available at https://www.rieti.go.jp/jp/projects/development_aid/column_09.html.

肥塚肇雄（2018）「新しい技術と保険法の課題」ジュリスト1522号

肥塚肇雄（2019）「データ駆動型社会におけるリスクの変容と保険契約の課題」生命保険論集206号

近藤光男編（2014）『現代商法入門』（9版）有斐閣

櫻井武司（2013）「発展途上国における天候インデックス保険の現状と課題」 ARDEC 48号。Available at http://www.jiid.or.jp/ardec/ardec48.

笹本幸祐（1999）「保険給付と利得禁止原則」奥島孝康教授還暦記念『近代企業法の形成と展開』成文堂

清水真希子（2018）「ソフトロー ―民事法のパースペクティブ（2）―」阪大法学68巻2号

ジレット、 クレイトン・P（2007）「電子的商取引における評判と仲介者」ソフトロー研究10号

新谷哲之介（2018）「貿易取引における電子式貨物海上保険証券の譲渡」損害保険研究80巻1号

洲崎博史（1991）「保険代位と利得禁止原則（1）（2完）」法学論叢129巻1号、3号

洲崎博史（1998）「保険取引と法」『現代の法7 企業と法』岩波書店

損害保険事業総合研究所（損保総研）（2015）『諸外国の保険業におけるインターネットやモバイル端末の活用状況について』損害保険事業総合研究所

損害保険事業総合研究所（損保総研）（2019）『諸外国におけるインシュアテックの動向』損害保険事業総合研究所

損害保険ジャパン日本興亜（2016）「東南アジアにおける農業従事者向け天候インデックス保険の展開」。Available at https://www.env.go.jp/press/y0616-13/mat01.pdf.

損保ジャパン日本興亜総合研究所（2015）「中国損害保険会社のインターネット販売」Global Insurance Topics Vol. 35。Available at http://www.sompo-ri.co.jp/issue/git/

data/35.pdf.

大和総研（2018）『FinTech と金融の未来　10 年後に勝ちのある金融ビジネスとは何か？』日経 BP 社

高橋和志（2015）「天候インデックス保険の可能性と課題（特集 アフリカ農村開発の新機軸）」アジ研ワールド・トレンド 239 号

竹下智（2018）「ミュンヘン再保険のインシュアテック戦略 ―ビッグデータの「窓」としての保険会社―」野村資本市場クォータリー 2018 年秋号

龍田節（1996）「火災保険金と損益相殺」損害保険判例百選（2 版）

田辺康平（1962）「損害保険契約における「塡補原則」の例外について（3 完）」福岡大学論叢 6 巻 3 号

田辺康平＝坂口光男編（1995）『注釈 住宅火災保険普通保険約款』中央経済社

東京海上火災保険編（1964）『新損害保険実務講座 第 7 巻 火災保険（下）』有斐閣

東京海上火災保険編（1984）『損害保険実務講座 第 8 巻 新種保険（下）』有斐閣

東京海上火災保険編（1989）『損害保険実務講座 第 7 巻 新種保険（上）』有斐閣

東京海上火災保険編（1990）『損害保険実務講座 第 6 巻 自動車保険』有斐閣

東京海上火災保険編（1997）『損害保険実務講座 補巻 保険業法』有斐閣

東京海上日動火災保険編（2016）『損害保険の法務と実務』（2 版）きんざい

東京海上ホールデイングス（2020）「データサイエンティストとして必要な知識・スキルの習得から実践的な演習までを一貫して行う、長期育成プログラムを創設」労政時報 3986 号

土岐孝宏（2003、2004）「損害保険契約における『利得禁止原則』否定論（1、2 完）」立命館法学 291 号、293 号

内閣官房 IT 総合戦略室（2017）「AI、IoT 時代におけるデータ活用ワーキンググループ中間とりまとめの概要」。Available at https://www.kantei.go.jp/jp/singi/it2/senmon_bunka/data_ryutsuseibi/dai2/siryou1.pdf.

中出哲（2016）『損害てん補の本質 ―海上保険を中心として―』成文堂

中西正明ほか（1994）「＜シンポジウム＞保険契約法と民法理論の交錯」私法 56 号

西嶋梅治（1998）『保険法』（3 版）悠々社

日経（2018）「シンガポールの最新保険会社、ネットでニーズ醸成」日経デジタルマーケティング 2018 年 2 月号

日本損害保険協会（2018）『わが国における保険金詐欺の実態と研究』日本損害保険協会

信岡良典（2012）「『地震・噴火・津波危険車両全損時一時金特約』の開発」保険学雑誌 619 号

野村総合研究所（2016）「平成 27 年度 我が国経済社会の情報化・サービス化に係る基盤整備（ブロックチェーン技術を利用したサービスに関する国内外動向調査）」。Available at http://www.meti.go.jp/press/2016/04/20160428003/20160428003-2.pdf.

萩本修（2009）『一問一答 保険法』商事法務

服部和哉（2018）「『Society5.0』とパラメトリック保険が拓く巨大災害の『リスク移転』」AIG 総研インサイト 1 号。Available at http://www-510.aig.co.jp/about-us/institute/

insight/01.html.

濱田和博（2019）「パラメトリック保険の現状と課題」損保総研レポート 129 号

福岡藤乃（2009）「マイクロインシュアランスについて」あいおい基礎研 REVIEW 6 号

ブロックチェーン技術の活用可能性と課題に関する検討会（2017）「ブロックチェーン技術の活用可能性と課題に関する検討会報告書 ―ブロックチェーン技術が銀行業務に変革をもたらす可能性を見据えて―」。Available at https://www.zenginkyo.or.jp/fileadmin/res/news/news290346.pdf.

星野豊（2018）「保険類似商品から見た保険商品の特徴」筑波法政 74 巻

細田浩史（2018）『保険業法』弘文堂

本多正樹（2016）「仮想通貨に関する規制・監督について ―改正資金決済法を中心に―」金融法務事情 2047 号

増島雅和（2018）「インシュアテックの潮流と変革されるべき規制・実務慣行」金融財政事情 2018 年 6 月 18 日号

南本肇（2018）「新しい保険ＩＴプラットフォームを打ち立てる衆安保険・衆安科技」Financial Information Technology Focus 2018.2（野村総研）。Available at http://fis.nri.co.jp/~/media/Files/publication/kinyu-itf/2018/02/itf_201802_7.pdf.

宮地朋香ほか（2020）「『インシュアテックと保険業』―令和元年度大会共通論題― ディスカッション」保険学雑誌 649 号

森田果（2007）「保証 ―私的秩序と法制度が出会う場所」ソフトロー研究 10 号

安居孝啓（2010）『最新保険業法の解説』（改訂版）大成出版社

安田昶勲（2019）「GDPR 施行後の現状と保険業界における課題」損保総研レポート 129 号

矢吹多美子（2016）「ドローン（無人航空機）と保険業界 ―米国の事例を参考に―」損保総研レポート 117 号

山下徹哉（2015）「保険募集に係る業法規制について ―平成 26 年保険業法改正を中心に―」生命保険論集 193 号

山下友信（1998）「利得禁止原則と新価保険」岩原紳作 = 神田秀樹編『商事法の展望』商事法務

山下友信（1999）『現代の生命・傷害保険法』有斐閣

山下友信（2005a）『保険法』有斐閣

山下友信（2005b）「保険・保険デリバティブ・賭博 リスク移転取引のボーダー」江頭憲治郎 = 増井良啓編『融ける境超える法 3 市場と組織』東京大学出版会

山下友信（2018）『保険法（上）』有斐閣

山下友信ほか（2018）「座談会 保険法の論点と課題」ジュリスト 1522 号

山下友信ほか（2019）『保険法』（4 版）有斐閣

山本哲生（2016）「顧客への情報提供義務」ジュリスト 1490 号

楊晶晶（2019）「急拡大するアリペイの新互助プラン」金融ＩＴフォーカス（野村総研）2019 年 7 月号

湯山壮一郎ほか（2016）「『情報通信技術の進展等の環境変化に対応するための銀行法等の一部を改正する法律』の解説② ―資金決済法および電子記録債権法等に係る改正の概要等」

NBL1079 号

吉澤卓哉（2001a）『企業のリスク・ファイナンスと保険』千倉書房

吉澤卓哉（2001b）「保険商品と金融商品の交錯」保険学雑誌 572 号

吉澤卓哉（2002）「店頭保険デリバティブに関する法規制」損害保険研究 64 巻 1 号

吉澤卓哉（2006）『保険の仕組み ─保険を機能的に捉える─』千倉書房

吉澤卓哉（2016）「通信による保険の越境取引に関する規制の在り方（1）（2完）」損害保険研究 78 巻 1 号、2 号

吉澤卓哉（2017）「保険の仕組みと保険法改正 ─保険法改正内容を保険の仕組みから検証する─」産大法学（京都産業大学）50 巻 3・4 号

吉澤卓哉（2019）「インシュアテックと保険法 ─保険会社による特定個人に関するリスク情報の大量収集が告知義務規整等に与える影響─」産大法学 53 巻 2 号

吉田和央（2016）『詳解 保険業法』金融財政事情研究会

吉田和央（2017）「InsurTech（インシュアテック）の本質と法的諸問題についての試論 ─保険版 Fintech の可能性─」金融法務事情 2061 号

渡部美奈子（2013）「マイクロ・インシュアランスの変遷と展望」損保総研レポート 105 号

李智慧（2015）「中国ネット事業者による金融革新　アリババ、テンセントの戦略と日本企業への示唆」知的資産創造 2015 年 11 月号

Abraham, Kenneth S. and Daniel Schwarcz（2015）*Cases and Materials, Insurance Law and Regulation*, 6th ed., Foundation Press, US

Athanassiou, Phoebus（2018）*Digital Innovation in Financial Serivices, Legal Challenges and Reguatory Policy Issues*, Kluwer Law International, NL

Birds, John, Ben Lynch and Simon Milnes（2015）*MacGillivray on Insurance Law*, 13th ed., Thomson Reuters, UK

Borselli, Angelo（2020）Smart Contracts in Insurance: A Law and Futuroloty Perspective, in Pierpaolo Marano and Kyriaki Noussia ed., *InsurTech: A Legal and Regulatory View*, Springer, CH

Braun, Alexander and Florian Schreiber（2017）*The Current InsurTech Landscape: Business Models and Disruptive Potential*, University of St. Gallen, available at https://www.ivw.unisg.ch/~/media/internet/content/dateien/instituteundcenters/ivw/studien/ab-insurtech_2017.pdf

Cappiello, Antonella（2018）*Technology and the Insurance Industry*, palgrave macmillan, CH

Chishti, Susanne *et al.* ed.（2018）*The InsurTech Book, The Insurance Technology Handbook for Investors, Entrepreneurs and FinTech Visionaries*, John Wiley & Sons, UK

Christofilou, Alkistis and Victoria Chatzara（2020）The Internet of Things and Insurance, in Pierpaolo Marano and Kyriaki Noussia ed., *InsurTech: A Legal and Regulatory View*, Springer, CH

Clyde & Co（2018）*Parametric Insurance Report*, available at https://www.clydeco.com/

resilience/download

Cohn, Alan, Travis West and Chelsea Parker (2017) Smart After All: Blockchain, Smart Contracts, Parametric Insurance, and Smart Energy Grids, 1 *Georgetown Law Technology Review* 273

Corlosquet-Habart, Marine and Jacques Janssen ed., (2018) *Big Data for Insurance Companies*, ISTE (UK) and John Wiley & Sons (US)

Davis, Joshua (2014) Peer to Peer Insurance on an Ethereum Blockchain, General Consideration of the Fundamentals of Peer to Peer Insurance, available at http://nebula.wsimg.com/1ea036de40121e9a7d9798eca609eeb3?AccessKeyId=4EC7FC0F7E7F5389BE71&disposition=0&alloworigin=1

FATF (Financial Action Task Force) (2015) Guidance for A Risk-Based Approach, Virtual Currencies, available at https://www.fatf-gafi.org/media/fatf/documents/reports/Guidance-RBA-Virtual-Currencies.pdf

Frey, Carl and Michael Osborne (2013) The Future of Employment: How Susceptible Are Jobs to Computerisation?, *Technological Forecasting and Social Change* 114, available at https://www.oxfordmartin.ox.ac.uk/downloads/academic/The_Future_of_Employment.pdf

Gärtner, Rudolf (1970) *Das Bereicherungsverbot*, Verlag Duncker & Humbolt, GER

Gatteschi, Valentina, Fabrizio Lamberti, Claudio Demartini, Chiara Pranteda and Victor Santamaria (2018) Blockchain and Smart Contracts for Insurance: Is the Technology Mature Enough?, *Future Internet* 2018, 10, 20,

Goldby, Miriam, Michaela MacDonald, Katie Richards, Lucy Stanbrough (2019) *Triggering innovation, How smart contracts bring policies to life*, Lloyd's and Queen Mary University of London, available at https://policy.report/whitepapers/triggering-innovation-how-smart-contracts-bring-policies-to-life/2382

Harrington, Scott and Gregory Niehaus (2004) *Risk Management and Insurance*, 2nd ed., McGraw-Hill/Irwin, US

He, Dong *et al.* (2016) Virtual Currency and Beyond: Initial Considerations, IMF, available at https://www.imf.org/external/pubs/ft/sdn/2016/sdn1603.pdf

IAIS (International Association of Insurance Supervisors) (2017) *FinTech Developments in the Insurance Industry*, IAIS, available at https://www.iaisweb.org/page/supervisory-material/other-supervisory-papers-and-reports##

IAIS (2018a) *Issues Paper on Index Based Insurances*, Particulary in Inclusive Insurance Markets, IAIS, available at https://www.iaisweb.org/page/supervisory-material/issues-papers

IAIS (2018b) *Issues Paper on Increasing Digitalisation in Insurance and its Potential Impact on Consumer Outcomes*, available at https://www.iaisweb.org/page/supervisory-material/issues-papers

Jerry, Robert H. II and Douglas R. Richmond (2012) *Understanding Insurance Law*, 5th ed., LexisNexis, US

Koezuka, Tadao (2020) New Technologies and Issues with Insurance Contracts in Japan, in Pierpaolo Marano and Kyriaki Noussia ed., *InsurTech: A Legal and Regulatory View*, Springer, CH

Law Commission and Scottish Law Commission (2016) Joint review of insurance contract law: Insurable interest and parametric policies, available at https://www. scotlawcom.gov.uk/files/7814/6107/9636/Insurable_interest_in_parametric_policies_-_ April_2016_stakeholder_note.pdf

Lee, David and Robert Deng ed. (2018) *Handbook of Blockchain, Digital Finance, and Inclusion, Volume 1, Cryptocurrency, Fintech, InsurTech, and Regulation*, Academic Press, UK

Mäder, Patrick, Christian B. Westermann and Karin Tremp (2018) Analytics in Insurance: Balancing Innovation and Customers' Trust, *Trendmonitor* 2, 2018, available at https://www.the-digital-insurer.com/analytics-in-insurance-balancing-innovation-and-customers-trust

McKinsey & Company (2017) Blockchain Technology in the Insurance Sector, Quarterly meeting of the Federal Advisory Committee on Insurance (FACI), available at https://www.treasury.gov/initiatives/fio/Documents/McKinsey_FACI_Blockchain_in_Insurance.pdf

Miranda, Mario and Katie Farrin (2012) Index Insurance for Developing Countries, *Applied Economic Perspectives and Policy* 34(3)

Miranda, Mario and Francis Mulangu (2016) *Index Insurance for Agricultural Transformation in Africa*, ACET (African Center for Economic Transformation) and JICA-RI (Japan International Cooperation Agency Research Institute), available at https://www.jica.go.jp/jica-ri/publication/booksandreports/l75nbg0000004aet-att/l75nbg0000004aiq.pdf

Moazed, Alex and Nicholas Johnson (2016) *Modern Monopolies, What It Takes to Dominate the 21st Century Economy*, St. Martin's Press, US (藤原朝子訳『プラットフォーム革命』(2018) 英治出版)

Morey, Timothy, Theodore Forbath and Allison Schoop (2015) Customer Data: Designing for Transparency and Trust, *Harvard Business Review* (online), May 2015, available at https://hbr.org/2015/05/customer-data-designing-for-transparency-and-trust

Naylor, Michael (2017) *Insurance Transformed, Technological Disruption*, palgrave macmillan, CH

N'Guessan, T. and J. J. Laffont (2000) Group Lending with Adverse Selection, *European Economic Review* 44

OECD (2017) *Technology and innovation in the insurance sector*, OECD, available at https://www.oecd.org/pensions/Technology-and-innovation-in-the-insurance-sector.pdf

OECD (2018) *Financial markets, insurance and pensions: Digitalisation and Finance*,

OECD, available at https://www.oecd.org/finance/private-pensions/Financial-markets-insurance-pensions-digitalisation-and-finance.pdf

Osgood, Daniel, Megan McLaurin, Miguel Carriquiry, Ashok Mishra, Francesco Fiondella, James Hansen, Nicole Peterson and Neil Ward (2007) *Designing weather insurance contracts for farmers in Malawi, Tanzania and Kenya*, International Research Institute for Climate and Society Earth Institute, Columbia University, availabel at http://iri.columbia.edu/~deo/IRI-CRMG-Africa-Insurance-Report-6-2007/IRI-CRMG-Kenya-Tanzania-Malawi-Insurance-Report-6-2007.pdf

Pratt, Nicholas (2017) Singapore regulator calls for more use of parametric insurance, *Commercial Risk*, Aug. 16, 2017, available at https://www.commercialriskonline.com/singapore-regulator-calls-use-parametric-insurance

Raskin, Max (2017) The Law and Legality of Smart Contracts, 1 *GEO. L. TECH. REV.* 305(2017), available at https://georgetownlawtechreview.org/wp-content/uploads/2017/05/Raskin-1-GEO.-L.-TECH.-REV.-305-.pdf

Rego, Marigarida Lima and Joana Campos Carvalho (2020) Insurance in Today's Sharing Economy: New Challenges Ahead or a Return to the Origins of Insurance?, in Pierpaolo Marano and Kyriaki Noussia ed., *InsurTech: A Legal and Regulatory View*, Springer, CH

Roland Berger (2017) *Copy them? Work with them? Or buy them? InsurTechs and the digitization of insurance*, available at https://www.rolandberger.com/en/Publications/InsurTechs-and-the-digitization-of-insurance.html

Sagalow, Ty (2019) *The Making of Lemonade*, Outskirts Press, U.S.

Shulte, Paul and David Lee Kuo Chuen (2019) *AI & Quantum Computing for Finance & Insurance*, World Scientific, US

Swiss Re (2016) Mutual insurance in the 21st century: back to the future?, *sigma* No 4/2016, available at https://microinsurancenetwork.org/sites/default/files/swissre_sigma4_2016_en.pdf

Tadesse, Million A., Bekele A. Shiferaw and Olaf Erenstein (2015) Weather index insurance for managing drought risk in smallholder agriculture: lessons and policy implications for sub-Saharan Africa, *Agricultural and Food Economics* 3:26, available at https://link.springer.com/article/10.1186/s40100-015-0044-3

Tereszkiewicz, Piotr (2020) Digitalisation of Insurance Contract Law: Preliminary Thoughts wtih Special Regard to Insurer's Duty to Advice, in Pierpaolo Marano and Kyriaki Noussia ed., *InsurTech: A Legal and Regulatory View*, Springer, CH

Vanderlinden, Sabine, Shan Millie, and Nicole Anderson ed., (2018) *The InsurTech Book, The Insurance Technology Hnadbook for Investors, Entrepreneurs and FinTech Visionaries*, John Wiley & Sons, UK

Weyers, Hans-Leo and Manfred Wandt (2003) *Vershicherungsvertragrecht*, 3. Aufl., Luchterhand, GER（藤岡正則＝金岡京子訳『ヴァイヤース＝ヴァント 保険契約法』2007

年。成文堂)

World Bank (2005) *Managing Agricultural Production Risk: Innovations in Developing Countries*, World Bank, available at http://siteresources.worldbank.org/INTARD/Resources/Managing_Ag_Risk_FINAL.pdf

World Bank (2011) *Weather Index Insurance for Agriculture: Guidance for Development Practitioners*, World Bank, available at http://documents.worldbank.org/curated/en/590721468155130451/pdf/662740NWP0Box30or0Ag020110final0web.pdf

World Bank Group (2016) *Achievements in ACP Countries by Global Index Insurance Facility, Phase 1 (2010-2015)*, World Bank Group, available at http://documents.worldbank.org/curated/en/482761490702615329/pdf/113713-WP-ENGLISH-GIIF-ACP-Report-Eng-Web-PUBLIC.pdf

World Economic Forum (2015) *The Future of Financial Services*, available at http://www3.weforum.org/docs/WEF_The_future__of_financial_services.pdf

Yan, Tan Choon, Paul Shulte, and David Lee Kuo Chuen (2018) InsurTech and FinTech: Banking and Insurance Enablement, in David Lee Kuo Chuen and Robert Deng ed., *Handbook of Blockchain, Digital Finance, and Inclusion, Volume 1, Cryptocurrency, FinTech, InsureTech and Regulation*, Academic Press, UK

《初出一覧》

（＊本書の執筆にあたっては以下の既発表業績を基礎とした。ただし、当然の
ことながら、初出内容とは異なる記述も多く、また、大幅に加筆している。）

A：吉澤卓哉「保険の仕組みと保険法改正 —保険法改正内容を保険の仕組みから
　検証する—」産大法学 50 巻 3・4 号（2017 年 1 月）

B：吉澤卓哉「P2P 保険の『保険』該当性」保険学雑誌 644 号（2019 年 3 月）

C：吉澤卓哉「P2P 保険が業界に与える影響について —契約者主導のオンライン
　相互救済制度の行方—」保険毎日新聞 2019 年 4 月 25 日号、26 日号

D：吉澤卓哉「インシュアテックと保険法 —保険会社による特定個人に関するリ
　スク情報の大量収集が告知義務規整等に与える影響—」産大法学 53 巻 2 号（2019
　年 7 月）

E：吉澤卓哉「インデックス保険の「保険」該当性 —定額給付型の損害保険契約—」
　産大法学 53 巻 3・4 号（2020 年 1 月）

F：吉澤卓哉「情報社会の急速な進展による保険制度における「信頼」の変容 —
　インシュアテックが保険制度における「信頼」に与える影響—」保険学雑誌 649
　号（2020 年 6 月）

事項索引

インシュアテックと保険法
新技術で加速する保険業の革新と法の課題

著　　　者	吉　澤　卓　哉	
発　行　日	2020 年 8 月 15 日	

発　行　所	株式会社保険毎日新聞社
	〒110-0016　東京都台東区台東4-14-8
	シモジンパークビル2F
	TEL 03-5816-2861／FAX 03-5816-2863
	URL http://www.homai.co.jp/

発　行　人	森　川　正　晴
カバーデザイン	塚　原　善　亮
Ｃ Ｇ アート	茉　莉　花
印刷・製本	モリモト印刷株式会社

©2020　YOSHIZAWA Takuya　Printed in Japan
ISBN978 - 4 - 89293 - 431 - 5